Reserve

LES QVATRE PREMIERS LIVRES DE LA FRANCIADE.

AV ROY TRES-CHRESTIEN, CHARLES NEVFIEME DE CE NOM.

PAR PIERRE DE RONSARD, GENTILHOMME VANDOMOIS.

Reueüe, corrigee, & augmentee.

A PARIS,
Chez Gabriel Buon, demeurant au cloz Bruneau,
à l'enseigne sainct Claude.
1573.
AVEC PRIVILEGE DV ROY.

EXTRAIT DV PRIVILEGE
du Roy.

PAR Priuilege du Roy, donné à S. Germain en Laye, le xx. iour de Septembre, l'an mil cinq cens soixante, il est enioint à P. de Ronsard, gentilhomme Vādomois, de choisir & commettre tel Imprimeur, docte & diligent qu'il verra & cognoistra estre suffisant pour fidellement imprimer, ou faire imprimer les œuures ia par luy mises en lumiere, & autres qu'il composera & fera par cy aprés. Inhibant (ledict Seigneur) à tous Imprimeurs, Libraires, Marchans & autres quelconques, qu'ils n'ayent à imprimer ou faire imprimer aucunes des œuures, qui par ledit Ronsard ont esté & seront cy apres faites & composees, ny en exposer aucune en vente, s'elles n'ont esté & sont imprimees par ses permission, licence & cōgé, ou de l'Imprimeur par luy choisi & commis à l'impressiō d'icelles. Et ce sur peine de confiscation des liures ia imprimez, ou à imprimer, & d'amende arbitraire, tant enuers le Roy, qu'enuers ledit Rōsard, & des interest & dommage de l'Imprimeur, par luy choisi & esleu : Le tout pour les causes & raisons contenuës, & amplement declarees audit Priuilege. Ainsi signé sur le reply, Par le Roy, Vous present de Lomenie, & seellé à double queüe du grand seau, de cire jaune.

Ledit Ronsard a permis à Gabriel Buon, Libraire Iuré de l'vniuersité de Paris, d'imprimer ou faire imprimer, les quatre premiers liures de la Franciade, iusques au terme de six ans, finis & accomplis, à commencer du iour que ledit liure sera acheué d'imprimer.

Acheué d'imprimer le 13. de Septembre.

AV LECTEVR.

'AY Lecteur, à la façon d'Apelle, exposé mon ouurage au public, affin d'entendre le iugement & l'arrest d'vn chacun, qu'aussi volõtairemét ie reçoy, que ie le pense estre candidement prononcé. Et ne suis point si opiniastre, que ie ne vueille au premier admonnestement d'vn homme docte, non passiõné, & bien versé en la poësie, receuoir toute amiable correction: car ce n'est pas vice de s'amender, mais c'est extreme malice de persister en son peché. Pource par le conseil de mes plus doctes amis i'ay changé, mué, abregé, alongé beaucoup de lieux de ma Franciade pour la rendre plus parfaite, & luy donner sa derniere main. Et voudrois de toute affection que noz François daignassent faire le semblable, nous ne

ã ij

verrions tant d'ouurages auortez, lesquels pour n'oser endurer la lime & parfaicte polissure requise, par temps n'aportét que deshonneur à l'ouurier, & à nostre France tres mauuaise reputation.

FIN.

ARGVMENS DES LIVRES DE LA FRANCIADE de P. de Ronsard, par Am. Jamyn Varlet de chambre du Roy.

ARGVMENT DV PREmier liure.

EN CE laborieux ouurage de la Franciade l'auteur s'est proposé la façon d'escrire des Anciens, & sur tous du diuin Homere : combien qu'en ce premier liure il ait principalement imité Homere & Virgile, si est-ce que l'ambarquement de Francus est à l'imitation d'Apolloine Rhodien. Il ressemble à l'abeille, laquelle tire son proffit de toutes fleurs pour en faire son miel, aussi sans iurer en l'imitation d'vn des anciens plus que des autres, il cõ-

ã iij

sidere ce qui est en eux de meilleur, dequoy il enrichit (comme touiours il a esté heureux) nostre langue Françoise. Or pour venir à ce premier liure, qui est comme le fondement & proiect du reste du bastiment, l'argumēt est tel. Apres que Francus fut retourné du long voyage ou son oncle Helenin l'auoit enuoyé en diuerses nations pour en aprendre les meurs & façõs, et par telle cognoissance se rendre sage, ruzé & pratiq Capitaine, ce qu'Helenin auoit fait, ne voulant qu'il fust reconnu pour enfant d'Hector entre les Grecs, lesquels pensoiēt pour certain que Pyrrhe fils d'Achille l'eust fait mourir le precipitant du feste d'vne tour, Iupiter qui l'auoit sauué du sac de Troye, & en lieu du corps vray auoit baillé vne feinte de luy à ses ennemis, se resouuenant du destin pour lequel il l'auoit garenti de si cruelle mort, & se repentant de la destruction de Troie, enuoye Mercure messager des Dieux vers Helenin oncle paternel dudit Francus, affin qu'il l'aduertisse quelles sont les destinees de Francion son neueu, lequel depuis vn an laissoit eneruer sa ieunesse d'oisiueté, sans soucy de releuer sus l'honneur de ses ayeuls : Helenin apres auoir ouï le commandemēt de Iupiter, aussi que son esprit prophetique auoit preuoyance des destins, & presageoit la grãdeur de son neueu fils d'Hector, luy fit equiper quelque nombre de nauires, dans lesquelles il s'embarqua laissant Buthrote ville d'Epire où il faisoit sa demeure auec son oncle et sa mere Andromache. Le Poëte luy dõne compagnee d'hommes guerriers par vne belle & gentille inuention: car le iour du mandement de Jupiter, tous les Troyens banis estoient assemblez par le cõgé des Princes de la Grece, desquels ils estoient esclaues pour choumer la feste de Cybele leur Deesse, tous equippez d'armes telles que souloient porter les Corybantes & Curetes, quand ils celebroient les honneurs de la mere des Dieux. Iunon se courrouce, voiant que la gloire des Phrygiens doit reflorir. Cybele et Mars fauorisoient Francion et luy enflamẽt le cœur du desir de loüange & de vertu. Helenin luy enseigne sommairemẽt quel chemin il doit tenir sur la mer pour venir de Crete à l'emboucheure du Danube.

ARGVMENS.

ARGVMENT DV SE-
cond liure.

Neptune gardant encor son courroux contre les Troyēs, à raison du pariure Laomedon, employe (outre ses forces) la puissance de Iunõ, d'Iris, et d'Æole pour se vanger sur Frācus, voulant enseuelir luy & ses destins soubs la mer. Francion tourmenté des tempestes, & ayant perdu tous ses vaisseaux fut poussé cõtre des rochers de l'isle de Crete, en laquelle vn Roy nommé Dicaé le reçoit auec toute courtoise liberalité. Ce Roy courant vn cerf rencontre d'auenture ces Troyens endormis sur le riuage recreus de trauail & lassitude, Cybele auoit enuoyé à ce Roy le Dieu du Somne en songe pour luy dõner enuie d'aller à la chasse ce mesme iour. Francion fait entendre à Dicaé son nom, son païs, & sa ville, & l'occasion de son nauigage, & son naufrage. Les fantosmes de ses compagnons que la tempeste auoit engloutis se presentent à luy la nuit suiuante, ausquels il dresse des tombeaux vuides appelez κενοτάφια, & leur fait des obseques. Aprés il supplie la Deesse Venus qu'elle le vueille garder & fauoriser. Venus enuoye son enfant Amour pour blesser & rēdre amoureuses

ARGVMENS.

reuses les deux filles du Roy Dicaé nommees l'vne Clymene, & l'autre Hyante, au mesme instant que Francion arriueroit au chasteau. Il se fait vn festin, où Terpin chātre tresexcellent chante vn bel Hymne d'amour. Dicaé triste conte à Francion la cause de sa tristesse, & comme son fils Orae est detenu prisonnier soubs la tyrannie du Gean Phouere. Francion s'offre à combatre le Gean, ce qu'il fait de si magnanime courage & auec telle prouesse & dexterité qu'il le tue, & retire Orae de sa captiuité. Dicaé bien ioyeux ambrasse le veinqueur & chante son honneur.

ē

ARGVMENS.

ARGVMENT DV TROIsiéme liure.

Ce liure contient les amours d'Hyante & de Clymene: Clymene, au commencement par grād artifice, & par belles & comme iustes remontrances s'efforce d'arracher l'affectiō amoureuse du cueur d'Hyante sa sœur, affin que toute seule elle puisse iouir de l'amour du Prince Troyen. Ces deux sœurs vont au temple pour sacrifier aux Dieux, affin qu'ils destournent toute mauuaise passion de leurs esprits. Le fils d'Hector va sur le riuage de la mer, où il adresse sa priere à Apollon. Leucothoé fille de Protee luy prophetise ses fortunes à venir, & Dicaé offre au seigneur Troyen sa fille Hyāte en mariage, lequel le remercie s'excusant sur le destin. Oræ fils du Roy immole vne hecatombe aux Dieux. Terpin chante vn bel hymne à la Deesse Victoire. Venus changee en la vieille pretresse d'Hecate vient au cheuet d'Hyante, & enuirōne le lict de sa ceinture pleine d'estrange vertu. Francus celebre les funerailles d'vn grand Prince son cher amy, ie me doute que l'auteur entend icy dessous quelque grand Capitaine de nostre tēps.

ARGVMENS.

Clymene furieuse, par le conseil de sa nourrice tasche de flechir Francion par vne lettre amoureuse. Cybele tranformee en Turnien compagnon de Francus, l'admonneste de courtizer Hyante magicienne, pour aprendre & sçauoir d'elle les Rois lesquels doiuēt sortir de son sang: la mesme Deesse s'en vole aprés en l'antre de la Ialousie. La Ialousie infecte de son venin la poitrine de Clymene. En fin Clymene poursuiuant son faux Dæmon transformé en la figure d'vn sanglier, s'elance dedãs le goufre de la mer. Les Dieux en font vne Deesse marine.

A ij

ARGVMENS.

ARGVMENT DV QVA-triéme liure.

Dicæé se courrouce sçachant la mort de sa fille Clymene, & pense comme il doit punir Francion qu'il soupçonnoit en estre cause. Ce Prince Phrygien fait entendre à Hyante l'amour qu'il luy porte: Hyante & Francus vont le lendemain au temple: vne corneille parle & aduertit Amblois de n'accompagner Francion. Ce Prince supplie Hyante de luy monstrer les Rois qui sortiront de son estoq. Hyante discourt si elle doit aimer ou non. Elle commande à Francion d'aprester vn sacrifice aux esprits des enfers, & se parfumer d'encens masle & autres semblables suffumigations: Il obeit à ce commandement. Le Poëte descrit vne fosse et horrible descente aux enfers. Aprés que Francus a immolé la victime & inuoqué toutes les puissances de l'empire de Pluton, Hyante vient toute tramblante & folle de fureur, laquelle prophetise audit Francus son voyage és Gaules. Elle predit le songe du fantosme qui doit aparoistre à Marcomire, & ce que fera Marcomire ayant en son armee trois cens Capitaines. Aprés elle discourt comme les ames

ARGVMENS.

viennēt et reuōt en nouueaux corps, & dequoy tout ce qui est viuant en ce monde prēd sa naissance. Que deuiennēt les ames le corps mourant, quelle punition elles endurent aux enfers pour leurs pechez, & comment elles s'en purgent, et par quel espace de temps. Francion sacrifie de rechef aux Deitez infernales, & les ames sortent incontinent pour boire du sang de la victime. Lors il demande à Hyante qui sont ceux qu'il void, & par ce moyen aprend sommairement l'vn aprés l'autre les noms des Rois de France, les actes infames des vitieux, & les gestes magnanimes des vertueux. Bref ce liure est des plus beaux pour estre diuisé en quatre parties: La premiere est d'amour, la seconde de magie, la troisiéme de la philosophie Pythagorique, ditte μετεμψύχωσις. L'auteur se sert exprés de cette fausse opinion, affin que cela luy soit comme vn chemin & argument plus facile pour faire venir les esprits de noz Rois en nouueaux corps, car sans telle inuētion il eust fallu se montrer plustost historiographe que Poëte. La quatriéme partie consiste au narré de la premiere generation des monarques de France iusques à Pepin, duquel commence la seconde generation.

ē iij

Tel fut Ronsard auteur de cét ouurage,
Tel fut son œil, sa bouche & son visage,
Portrait au vif de deux crayons diuers:
Icy le corps, & l'esprit en ses vers.

QVATRAIN.

Un lit ce liure pour aprendre,
L'autre le lit comme enuieux :
Il est aisé de me reprendre,
Mais malaisé de faire mieux.

Tu n'as, Ronsard, composé cét ouurage,
Il est forgé d'vne royalle main:
CHARLES sçauant, victorieux & sage
En est l'auteur, tu n'es que l'escriuain.
      A. I.

LE
PREMIER LIVRE DE
LA FRANCIADE.

AV ROY
TRES-CHRESTIEN, CHARLES
NEVFIEME DE CE NOM.

PAR PIERRE DE RONSARD,
GENTIL-HOMME VANDOMOIS.

VSE qui tiens les sommets
de Parnasse,
Guide ma langue & me
chante la race
Des ROIS FRANÇOIS
yssuz de Francion
Enfant d'Hector, Troyen
de nation,
Qu'on apelloit en sa ieu-
nesse tendre
Astyanax, & du nom de Scamandre:
De ce Troyen conte-moy les trauaux,
Guerres, desseins, & combien sur les eaux

B

Il a de fois (en defpit de Neptune
Et de Iunon) furmonté la Fortune,
Et fur la terre efchapé de peris,
Ains que baftir les grands murs de Páris.
CHARLES mon Prince enflez moy le courage,
En voftre honneur i'entepren ceft ouurage,
Soyez mon phare, & gardez d'abifmer
Ma nef qui flotte en fi profonde mer.
 Defia vingt ans auoient franchi carriere
Depuis le iour que la Grece guerriere
Auoit brulé le mur Neptunien:
Quand du haut ciel le grand Saturnien
Iettant les yeux deffus Troye deferte,
Se courrouffa defpit de telle perte,
Trois quatre fois fa perruque efbranla,
Puis au confeil tous les Dieux apella.
 Du ciel d'airain les fondemens tremblerent
Defous le pié des Dieux qui f'affemblerent
Allant de ranc en leur fiege aprefté:
Lors Iupiter pompeux de maiefté
Les furmontant de puiffance & de gloire,
Haut f'efleua fur fon trofne d'iuoire
Le fceptre au poin, puis fronfant le fourci,
Renfrongné d'ire, aux Dieux parloit ainfi.
 Iamais au cueur ie n'eu telle trifteffe
Ni pour mortel, pour Dieu, ni pour Deeffe,
Que i'eu la nuit qu'on bruloit Ilion:
Quand le cheual preignant d'vn million

D'hommes guerriers, de sa voute fermée
Versa dans Troye vne moisson armée
D'espieux, d'escuz, de lances & de dars
Branlez és mains des Argiues soudars.
Non seulement les Dolopes gensdarmes
Passoient les corps par le tranchant des armes,
Mais noz maisons sacrileges, pilloient
Et de leurs Dieux les autels despouilloient,
Qui reuerez par la ville Troyenne
Fumoient tousiours d'vne odeur Sabeenne.
Là forcenoient deux tygres sans mercy
Le grand Atride, & le petit ausſi
Ioyeux de sang: le carnacier Tydide
Et le superbe heritier d'Æacide:
Là l'Itaquois chargé du grand bouclair
Du preux Aiax brillant comme vn esclair
Qui çà qui là s'esclatte de la nuë,
Gros de vengeance ensanglantoit la ruë
D'vn peuple au lit surprins & deuestu,
Du fer ensemble & du feu combatu.
Ainsi qu'on voit vne fiere lionne
Que la fureur & la faim espoinçonne
Trancher, tuer le debile troupeau:
Entre les dens sanglante en est la peau
Qui pend rompue en sa machoire teinte:
Le pasteur fuit qui se pasme de crainte!
Ainsi les Grecs detailloient & brisoient
Le peuple nu: Les feux qui reluisoient

Sur les maisons à flames enfumées
Donnoient lumiere aux Princes des armées
Au meurtre, au sang: vn si cruel effort
Montroit par tout l'image de la mort.
Et toy Iunon dessus la porte assise
Hastois les Grecs ardans à l'entreprise
Auec Pallas (qui sur le haut sommet
Du premier mur, horrible en son armet
Que la Gorgone asprist de meinte escaille)
De sa grand pique esbranloit la muraille
Coup dessus coup, & d'vne forte voix
Comme vn tonnerre apelloit les Gregeois
Les animant à la vengeance pronte,
Et toutesfois vous n'auez point de honte
D'auoir destruit vn royaume si beau,
Fait qu'Ilion n'est plus qu'vn grand tombeau,
Et que Priam monarque de l'Asie
Sus ses enfans a respandu la vie
Sang dessus sang, qui auoit surmonté
Tous les mortels en iustice & bonté.
Ce Roy pleurant son estat miserable
En cheueux gris, en barbe venerable,
Du cruel Pyrrho extremement pressé,
Sur mon autel me tenoit embrassé.
Quand il receut en sa gorge frapée
De l'Achillin le tranchant de l'espée,
Qui d'vn grand coup le chef luy decola:
Bien loin la teste en sautelant alla!

Le corps sans nom, sans chaleur & sans face
Comme vn grand tronc broncha dessus la place.
Cet arrogant qui les Dieux despitoit,
Qui de fureur son pere surmontoit,
Non seulement d'vne fureur maistresse
Le fer au poin mois la tourbe espaisse,
Mais outrageoit le sexe feminin
Qui de nature est courtois & benin.
Il poursuiuoit au trauers de la flame,
Du preux Hector Andromache la femme,
Qui deplorant pour neant son destin,
Escheuelée, auoit à son tetin
Pressé son fils en qui le vray image
Du grand Hector estoit peint au visage.
Du sein aymé ie derobé le fils,
Puis artizan vne feinte ie fis,
Que ie formé du vain corps d'vne nuë
Pour des Grecs estre en son lieu recognuë
Du tout semblable à l'heritier d'Hector,
Mesmes cheueux crespeluz de fin or,
Les mesmes yeux, le front mesme & la taille:
Puis ceste feinte à la mere ie baille
Pour la donner à Pyrrhe: & de ma main
Cachant l'enfant dans les plis de mon sein
Ie le sauuay de l'espée homicide:
Le vain sans plus fut proye d'Æacide.
* Ie l'aduerty d'aller trouuer apres
Son fils au temple, où deux cheualiers Grecs

B iiij

L'vne fur l'autre amonceloient la proye,
Tout l'or captif de Priam & de Troye,
Femmes, enfans & vieillards enchainez
De leurs maiſons par les cheueux trainez:
Et qu'il auroit pour merque manifeſte
L'ardant eſclair d'vne flame celeſte
Au haut du chef, vray ſigne qu'il ſeroit
Paſteur de peuple, & qu'vn iour il feroit
Naiſtre des Roys, à qui la deſtinée
Auoit la terre en partage donnée.
 Ie n'auois dit, que tout ſoudain voicy
Pyrrhe venir, qui rauit tout ainſi
L'image feint hors des bras de la mere
Qu'vn loup le fan d'vne biche legere:
Il le porta ſur le haut d'vne tour,
D'où le roüant & tournant de meint tour
En tourbillons, d'vn bras armé le ruë
Pié contre-mont au trauers de la ruë:
Ainſi tomba par morceaux decoupé
Le vain abus dont le Grec fut trompé,
Car Francus vit, & maugré toute enuie
De ſes poulmons va reſpirant la vie
Dedans Buthrote, en ces champs où la voix
Vit prophetique és cheſnes Dodonois,
Pres Helenin ſon oncle & Andromache
Qui ſans honneur par les tourbes le cache.
Deſia la fleur de ſon age croiſſant
Va d'vn poil d'or ſon menton iauniſſant,

Et tout son cueur bouillonne de ieunesse:
Ie ne veux plus qu'il languisse en paresse
Comme incogneu, sans sceptre & sans honneur,
Mais tout rempli de force & de bonheur,
Ie veux qu'il aille où son destin l'apelle
Tige futur d'vne race si belle:
Sans plus en vain consommer son loisir
Parte de là: tel est nostre plaisir.

Il dist ainsi: les Dieux qui s'esleuerent,
Tous d'vn accord sa parolle aprouuerent
En murmurant comme flots de la mer
De qui le front commence à se calmer,
Quand Aquilon assoupit son orage,
Et l'onde bruit doucement au riuage.

Au departir Mercure il apella,
Pour obeïr Mercure s'en alla
Pront messager à la plante legere
Deuant le trosne où l'apelloit son pere.
Vole, mon fils, où Francus est nourri,
Di que ie suis ardantement marri
Contre sa mere & ceux qui le retiennent,
Et des destins promis ne leur souuiennent.
Ie ne l'auois du massacre sauué
Pour estre ainsi de paresse agraué,
Vn fait-neant en la fleur de son age,
Mais i'esperoy que d'vn masle courage
Iroit vn iour des Gaules surmonter
Le peuple dur, & fascheux à donter,

Chaut à la guerre, & ardant à la proye
Pour y fonder vne nouuelle Troye,
Pource defloge, & le fais en aller,
,, Le temps perdu ne se peut rapeller.

  A peine eut dit que Mercure s'aprefte,
Sa capeline affubla fur fa tefte,
De talonniers fes talons afortit,
D'vn mandillon fon efpaule vestit
A frange d'or, puis à tefte aualée
Entre deux airs a pendu fa volée
Ores à pointe & ores d'vn grand tour
Hachant menu tout le ciel d'alentour.
Ainfi qu'on voit aux riues de Meandre
L'oyfeau de proye entre les vens fe pendre,
Puis en fondant s'eflancer de fon long
Sur le Butor, fur le Cygne au col long
Tremblans de voir le Gerfaut qui ombrage
D'vn corps plumeux tout le haut du riuage
Apres qu'il eut de ciel en ciel volé
Vifte courrier de fon talon ailé
Se veint planter au pied d'vne valée,
Où Andromache eftoit ce iour allée
Auec fon fils, pour repaiftre fes yeux
Des ieux facrez à la mere des Dieux.

  Ce iour eftoit la fefte folennelle
Que tous les ans on choumoit à Cybelle
Au mois d'Auril, faifon où la rigueur
De fon Atys luy efchaufe le cueur,

Que

Que les Troyens auoient en reuerence,
De fils en fils l'honorant par vsance.
Or' ces Troyens en seruage espanduz
De tous costez aux ieux s'estoient renduz
Par le congé des Princes de la Grece,
Pour celebrer le iour de leur Deesse.
Eux equipez de bouclairs & de dars
Contre-imitoyent ces antiques soudars.
Les Corybans qui pressez d'vne bande
S'armoient autour de Cybelle la grande.
Les plus vieillards d'vn baston secouruz,
Les iouuenceaux y estoient acouruz,
Femmes, maris leur souuenant encore
D'Ide & de Troye, où la Mere on adore

A l'impourueu Mercure est arriué
Qui Helenin discourant a trouué
(Bien loin du val pres le riuage humide)
Sur les destins de Francus Hectoride.
Le resueillant d'vn profond pensement
Ce Dieu luy dist: Oy le commandement
De Iupiter, qui courroucé m'enuoye
Parler à toy par la celeste voye.

Va, (ma-t'il dit), où Francus est nourri,
Di que ie suis ardantement marri
Contre sa mere & ceux qui le retiennent,
Et des destins promis ne leur souuiennent.
Ie n'ay Francus du massacre sauué
Pour estre ainsi de paresse agraué,

C

Vn fait-neant en la fleur de son age,
Mais i'esperoy que d'vn masle courage
Iroit vn iour des Gaules surmonter
Le peuple dur & facheux à donter,
Chaut à la guerre & ardant à la proye,
Pour y fonder vne nouuelle Troye,
Dont la memoire en tous temps floriroit
Et par le feu iamais ne periroit.
 Pource Helenin, & toy mere Andromache
N'acazanez en paresse si lasche
L'enfant d'Hector, à qui les cieux amis
Ont tant d'honneurs & de sceptres promis:
Qui doit hausser la race Priamide,
Doit abaisser la grandeur Aezonide,
Doit vaincre tout, & qui doit vne fois
Estre l'estoc de tant de Rois François,
Et par sur tous d'vn CHARLES, qui du monde
Doit en la main porter la pomme ronde.
Qu'il soit garni d'hommes & de cheuaux,
Fay le marcher sur l'echine des eaux
Aux lieux promis, où son destin le meine.
,, L'honneur s'achepte aux despens de la peine,
 Il n'auoit dit, que plustost qu'vn esclair,
Trompant les yeux s'euanouïst en l'air
Loin de la terre, ainsi qu'vne fumée
Qui dans la nuë en rien est consommée,
Laissant la femme & le mary transi
De voir vn Dieu les menasser ainsi.

En-cependant la ieunesse Troyenne
Haut inuoquant la Berecynthienne
Toute rauie en son nom immortel
D'encens fumeux honoroit son autel :
Les vns auoient leurs perruques couuertes
D'vn large pampre aux grandes fueilles vertes,
Aux nœuds retords des Zephyres souflez :
Les vns frapoient les tabourins enflez,
Les vns au son de la flute persée
Baloient armez, & de voix incensée
Frapoient aigu les rochers d'alentour :
Les crus-vieillards d'vn grand & large tour
Icy dansoient à testes couronnées,
Là, la ieunesse aux plaisantes années
De pieds, de mains & de voix respondoient,
Et leurs chansons aux vieillards accordoient.
Le prestre orné d'vne sotane blanche,
Ceint d'vne boucle au dessus de la hanche,
Bien emmitré de pin les deuançoit,
Et les honneurs de Cybelle dansoit.

Enten du ciel tes loüanges Cybelle,
Mere des Dieux, Berecynthe la belle,
Qui as le chef de citez atourné,
Qui as ton char en triomphe tourné
Par deux lions, quand toy mere honorée
Montes au ciel à la voute dorée,
Aize au milieu de tes enfans r'assoir
Et d'auoir sceu tant de dieux conceuoir.

C ij

Tu as premiere inuenté les mysteres,
Ayme-foretz, aime-bois solitaires,
Ayme-lions, mais plus aimant le son
De tes guerriers qui font le limaçon
Autour de toy, quand haute sur ta troupe
Des monts Troyens tu vas foulant la croupe
Pleurant Atys ton mignon desarmé
Qui fut d'enfant en vn Pin transformé.
Tu as choisi des hommes pour compagnes,
Tu as esleu les Troyennes montagnes,
Prenant plaisir au sommet Idean,
Aimant sus tous le peuple Phrygian.
Sois nous propice, ô grande & sainte mere,
Oste noz cols de seruitude amere,
Et de captifs donne nous liberté :
Assez Déesse, assez auons esté
Foulez aux pieds par ceste Grecque audace.
Donne qu'vn iour quelcun de nostre race
Refonde Troye, & qu'il repousse encor
Au ciel cousin le noble sang d'Hector :
Redonne nous vn royaume, & rassemble
De toutes pars tous les Troyens ensemble :
Et que cheris du destin le plus fort
Nous reuiuions heureux de nostre mort.

  Ainsi priant fist redoubler la dance,
Le peuple suit le prestre à la cadance :
Le temple en bruit Cybelle qui ouïst
Telle requeste au ciel s'en resiouïst.

Pendant ce fait la pronte Renommée
Au front de vierge, à l'eschine emplumée,
A la grand' bouche, auoit ia respandu
Que Mercure est du haut ciel descendu,
Et qu'il auoit d'vne voix courroucée
Par Iupiter Andromache tansée,
Et par sus tous Helenin, qui sçauoit
L'arrest de fer que le destin auoit
Escrit au ciel pour cet enfant qu'on nomme
Astyanax, qui paresseux consomme
Son age en vain sur le bord estranger,
Sans du malheur les Troyens reuanger.
Cette Déesse à bouche bien ouuerte,
D'oreilles, d'yeux & de plumes couuerte
Semoit par tout qu'Astyanax estoit
Enfant d'Hector, & qu'on luy aprestoit
Meinte nauire en armes ordonnée,
Pour aller suiure ailleurs sa destinée,
Prince inuincible, & que sa main feroit
Que le Troyen du Grec triompheroit:
Et qu'il failloit que la ieunesse actiue,
Qui par la Grece est maintenant captiue
Suiuist Francus futur pere des Rois,
Qui s'en alloit dedans le champ Gaulois
Replanter Troye & la race Hectorée
Pour y regner d'eternelle durée.
  Ainsi disoit la Fame: cependant
Helenin fut songeant & regardant

Au mandement que Iupiter luy donne:
De cent discours en soy mesme raisonne
Or' plein de ioye, ores plein de douleur:
Mais ce conseil luy sembla le meilleur.
C'est d'obeir au grand pere celeste,
Liurer Francus au destin: & au reste
Faire aprester & nauires & gens
Sur terre & mer actifs & diligens,
Non engourdis de paresse otieuse,
Mais qui poussez d'vne ame industrieuse,
Pourront accorts les perils euiter,
Et par trauail loüange meriter.
 Comme il pensoit, auisa d'auanture
En l'air serain le bon heur d'vn augure
Venant du ciel pour signe tresheureux.
Fut vn Faucon de taille genereux
Qu'vn grand Vautour poursuiuoit par outrance
Plus fort que luy d'ongles, & de puissance,
Qui çà qui là par le ciel le batoit
Tournoit, viroit, suiuoit & tourmentoit,
Ne luy donnant ni repos ni haleine
De s'eschaper par la celeste pleine.
Luy pour-neant efforçant sa vigueur
Trop foible estoit contre telle rigueur,
Quand Iupiter, miracle, le transforme
En vne fiere & chagrineuse forme
D'vn aigle noir d'audace reuestu.
Comme vn rasoir luy fit le bec pointu,

Aigu, courbé & ses serres tortues
Plus que deuant fit dures & pointues.
Luy ombrageant d'vn grand ombre les champs,
Prist en ses pieds aguisez & tranchans
Le grand vautour, qu'il desplume & le tuë,
Et fait vainqueur s'enuola dans la nuë.
Le bon augure auenu dextrement
Fust du vieillard entendu promptement :
Si que soudain en esprit delibere
Prenant l'aduis d'Andromache la mere,
Et des deuins & des Peres grisons
Luy aprester des venteuses maisons,
Pour nauiguer à rames mesurées
Dessus le dos des ondes azurées
Et s'en aller au gré de Iupiter,
,, Contre le ciel on ne peut resister.
 Incontinent par toute Chaonie
Se respandit vne tourbe infinie
De bucherons, pour renuerser à bas
Meint chesne vieil toffu de large bras.
 Par les forests s'ecarte ceste bande,
Qui ore vn pin ore vn sapin demande
Guignant de l'œil les arbres les plus beaux,
Et plus duisans à tourner en vaisseaux.
Contre le tronc sonne meinte congnée
D'vn bras nerueux à l'œuure embesongnée
Qui meinte playe & meinte redoublant
Coup dessus coup côtre l'arbre tramblant

A chef branlé d'vne longue trauerse
Le fait tomber tout plat à la renuerse
Auec grand bruit. Le bois estant bronché
Fut artizan par le fer detranché,
Fer bien denté, bien aigu, qui par force
A grands esclats fit enleuer l'escorce
Du tronc du pin sur la terre estendu
En longs carreaux & en poutres fendu.
Pleine de bois la charrette attelée
Va haut & bas par mont & par valée,
Qui gemissant enroüé sous l'effort
Du pesant faix le versoit sur le bord.
Le manouurier ayant matiere preste
Or' son compas, ore sa ligne apreste
Songneux de l'œuure, & congnant à grans coups
Dedans les aiz vne suite de clous,
D'vn art maistrier les vieux sapins transforme,
Et de vaisseaux leur fait prendre la forme
Au ventre creux, & d'artifice pront
D'esprons becus leur aguise le front.
Vn bruit ce fait, sous les marteaux qui sonnent
Les bords voisins & les bois en resonnent.
   Ces artizans ayant le fer au poin,
L'œil sur le bois, & en l'esprit le soin
Tous à l'enuy fourmilloient sur l'arene.
Icy l'vn fait le fond d'vne carene,
L'autre la prou', l'autre la poupe, & ioint
D'vn art subtil l'aiz à l'aiz bien à point.
L'autre

LA FRANCIADE.

L'autre tirant le chanure à toute force
Pli dessus pli, entorse sus entorse,
Menant la main ores haut ores bas
Fait le cordage, & l'autre pend au mas
A double ranc des aisles bien-venteuses
Pour mieux voler sur les vagues douteuses,
Et pour passer sur l'echine de l'eau
Plustost que l'air n'est coupé d'vn oyseau.

 Incontinent qu'acompli fut l'ouurage,
Deuant la prouë on beche le riuage
Comme vn fossé large & creux, pour passer
Les nefs qu'on veut dedans la mer pousser.
Là meins rouleaux à la course glissante
Ioints l'vn à l'autre au milieu de la fente
Sont estendus, afin qu'en se suiuant
Les grands vaisseaux glissassent en auant
De sur leur dos, qui craquetant se vire
En rond, foulé du faix de la nauire.
Les matelots à la peine indontez
Deçà delà rangez des deux costez
Entrepignant des pieds contre la place,
De mains, de bras, d'espaules & de face
Poussoient les nefs pour les faire rouler.
Vne sueur ne cesse de couler
Du front moiteux: vne pantoise haleine
Bat leurs poumons, tant ils auoient de peine
A toute force en hurtant d'esbranler
Si gros fardeaux paresseux à couler.

D

En fin, du bord les nauires poiſſées
Dedans la mer tomberent eſlancées
A demy-ſault, ſault qui fut retenu
Par l'ancre amords ſur le riuage nu.
 Il eſtoit nuit, & le lien du Somme
Silloit par tout les paupieres de l'homme,
Charmant au lit(ſi doucement lié
Par le dormir) le trauail oublié.
Tous animaux, ceux qui dans l'air ſe pendent,
Ceux qui la mer à coups d'eſchine fendent,
Ceux que les monts & les bois enfermoient
Pris du ſommeil à chef baiſſé dormoient:
L'vn ſus vn arbre, & l'autre deſſous l'onde,
L'vn ſous l'horreur d'vne foreſt profonde,
L'autre és rochers vn dur giſte preſſoit
Et de ſon nez le ſomme repouſſoit:
Mais Helenin qui diſcourant ne ceſſe
De repenſer, pour le ſomme n'abaiſſe
L'œil au dormir, ains veillant & reſuant,
Or' ſe couchant & ores ſe leuant
Mille diſcours diſcourt en ſa penſée.
Du Dieu courrier la parolle annoncée
Le preſſe tant & preſſe qu'en tous lieux
Il a touiours Mercure dans les yeux,
Et dans l'eſprit la belle deſtinée
Qui pour Francus au ciel eſt ordonnée,
Et de ſon ſang qui Troyen & Germain
Deuoit regir le monde ſous ſa main

Incontinent que l'Aube aux doits de rose
Eut du grand ciel les barrieres decloses
Pront hors du lit ce bon Prince sortit,
Et sa chemise & son pourpoint vestit,
Puis son sayon, puis sa cape tracée
De fils d'argent sur l'espaule troussée,
Qu'vn passement Meonien bordoit,
Prist son espée qui fidelle pendoit
A son cheuet, fut la gaine d'iuoire,
Et la poignée estoit d'agathe noire,
Et le pommeau d'argent bien cizelé.
Ainsi vestu hors la porte est allé
Le dard au poin, commandant qu'on assemble
Grands & petis au conseil tous ensemble.
Lors les Heraux clere-vois ont sonné
De toutes pars le conseil ordonné :
Le peuple oisif pour nouuelles aprendre
Droit en la place à foule se va rendre :
Luy dans son trosne, honoré se rendit,
Chacun se teut, puis en ce point a dit.

  Peuple Troyen, Dardanienne race,
Ce iouuanceau qui par la populace
Vit sans honneur Astyanax nommé,
Est fils d'Hector que tant auez aimé,
Qui magnanime en si longues batailles
Dix ans entiers a gardé voz murailles,
Qui le rampart contre terre rua
Des Grecs tramblans, qui Patrocle tua,

D ij

Et retourna pompeux dedans la ville
Le dos vestu du corselet d'Achille.
Or ce grand Roy qui seul commande aux Dieux,
Qui honora Hector, & noz ayeux,
La nuit que Troye estoit vn grand carnage,
Sauua l'enfant par vne feinte image:
Sans maiesté, priué ie l'ay tenu
De peur qu'il fust des Gregeois reconnu.
Ie l'ay transmis par vne longue voye
Tantost vers Thebe' & tantost deuers Troye
Voir le tombeau de son pere, & aussi
Les noirs enfans de Memnon, qui d'ici
Sont eslongnez, noble race Hectorée,
Et de l'Aurore habitent la contrée.
En meint païs ie l'ay fait voyager,
Il a conneu maint peuple, & meint danger,
Connu les mœurs des hommes pour se faire
Guerrier pratiq en toute grande affaire.
Depuis vn an ce Prince est de retour
A cazané, qui mange en vain le iour,
Lent, nonchalant, sans imiter la trace
De sa tresnoble & vertueuse race,
Bien qu'il soit braue heureusement bien né,
Et pour hauts faits hautement destiné:
Touiours pour luy ce grand Prince me tanse,
Prince de l'air qui les foudres eslance,
Dequoy si tard ie le retiens ici
Sans de son bien auoir autre souci.

Encore hier (sa puissance i'atteste)
Que par le ciel en clarté manifeste
Ie vy Mercure arriuer deuers moy
Qui me tança de la part du grand Roy.
  Si tu n'as soin, dit-il, de ta lignée,
Si la uertu de l'heur accompagnée
N'esmeut ton cueur à voyager plus loin,
Au moins conçois en l'esprit quelque soin
De ton nepueu, & n'estoufes perduë
Sa ieune gloire à qui la Gaule est deuë,
De qui doit naistre vn million de Rois
Qui l'vniuers tiendront dessous leurs loix.
Ce foudroyant seigneur de la tempeste
Qui branle tout d'vn seul clin de la teste,
M'a fait du ciel icy bas deualler,
Pour t'auertir de le laisser aller
Où son destin l'apelle & le conuoye
Bastir ailleurs vne nouuelle Troye,
Dont le renom ira iusques aux cieux:
Tel est le vueil du grád maistre des Dieux.
  Pource Troyens de race magnanime,
Si la vertu hautaine vous anime,
Suiuez ce Duc du destin attiré.
Voicy le iour tant de fois desiré,
Iour qui rompra le seruage si rude
Qui vostre col serre de seruitude:
Courage amis: c'est maintenant qu'il faut
(Vous dont le sang est genereux & chaut)

D iij

Accompagner ceste belle entreprise
Que le destin dextrement favorise.
Il vaut trop mieux en liberté mourir,
Et par le sang la franchise acquerir,
Que de languir en honte si vilaine:
,, Vn beau mourir orne la vie humaine.
Il dist ainsi: puis se leuant de là
Presse du peuple en son palais alla.
　Mars qui aimoit Hector durant sa vie,
De secourir Francion eut enuie,
En sa faueur fit son coche ateler:
Puis fouëtant ses cheuaux parmy l'air
Qui à bouillons souffloyent de leurs narines
Flames de feu ardantes & diuines,
Vint s'abaisser sous le pié d'vn rocher
Pres du riuage, où faisant destacher
Ses beaux coursiers le long d'vne verdure,
Trefle & sain-foin leur donna pour pasture.
Puis comme vn trait roidement s'eslança
Dedans Buthrote, où sa forme laissa,
Et prist les yeux le front & le visage
La voix le geste & la taille d'Aumage
Ià chargé d'ans vieil compagnon d'Hector.
Celuy portoit la grande targe d'or
De cet Hêros, quand pour garder sa terre
Sa main estoit plus crainte qu'vn tonnerre.
Or cet Aumage auoit touiours esté
Par les Troyens en grande autorité.

LA FRANCIADE.

En ce vieillard le Dieu guerrier se change,
Autour du front des cheueux blancs arange,
Se laboura de rides tout le front,
Marche au baston comme les vieillards font,
Et d'une voix toute caduque & rance
Francus aborde, & en ce point le tance.

Vraye Troyenne, & non Troyen, as-tu
Desia d'Hector oublié la vertu?
Qui t'engendra pour estre l'exemplaire
Comme il estoit, du labeur militaire?
Futur honneur des peuples & des Rois?
As-tu coüart oublié ton harnois
Pour (aleché d'ocieuses plaisances)
Vser ta vie en festins & en danses?
Faire l'amour, & tout le iour en vain
Pleines tourner les coupes en la main?
Honte & vergongne où estes vous allées!
Ne vois tu pas que les ondes salées
Pour t'en-mener se couurent de vaisseaux?
Dresse l'oreille, enten les iouuenceaux
Qui foule à foule au riuage se rendent
Et tous armez, Capitaine t'atendent?
Toy sang trop froid pour vn ieune guerrier
Acazané, demeures le dernier
Serf de ta mere, & te fraudes toymesmes
Du haut espoir de tant de diadêmes,
Et du destin qui t'apelle aux honneurs
Pour commander monarque des Seigneurs.

LE I. LIVRE DE

„ Rien n'est si laid que la froide ieunesse
„ D'vn fils de Roy, qui se rouille en paresse.
Tel n'estoit pas Hector le pere tien,
Qui des Troyens fut iadis le soutien:
Armes, cheuaux, & toute guerre actiue
Furent ses ieux, & non la vie oysiue,
Qui te charmant, d'vn somme t'a lié
Ayant ta ville & ton pere oublié,
Que la vertu compagne de sa gloire
A mis au ciel, en terre la memoire.
Monstre à ce peuple au cueur morne & peureux
Que tu es fils d'vn pere genereux,
„ L'homme ne peut seignaler sa noblesse
„ S'il n'a le sang eschaufé de prouësse.
Disant ainsi ce grand Dieu belliqueur
De Francion enflama tout le cueur,
Luy dechira le bandeau d'ignorance
Et le remplit d'audace & de puissance.
Il luy souffla vn honneur dans les yeux,
Le fit ardant, aux armes furieux,
Et tellement sa prouësse ralume
Qu'il apparut plus grand que de coustume.
Si que marchant au milieu des plus forts
Haut releué, de la teste & du corps
Les surpassoit, comme ce Dieu surpasse
Sur le bord d'Hebre, ou sur les monts de Thrace
Tous les soldas, quand d'ardeur animé
Parmy la presse aparoist tout armé,

Couuert

LA FRANCIADE.

Couuert de poudre, & se plante à lencontre
D'vn meschant Roy, que sa lance rencontre
Pour le punir d'auoir contre equité
Vendu son peuple, ou trahi sa cité.
　Tel fut Francus: apres ce Dieu se mesle
Par les Troyens amassez pesle-mesle
Qui se pressoient à foule aux carrefours:
Puis les tençant de mots poignans & cours
A la vertu rechaufoit leur courage.
　Quoy voulez vous en vergongneux seruage
Viure touiours, & sans langue & sans cueurs
Touiours souffrir l'orgueil de ces veinqueurs?
Rompez, froissez d'vne allegresse preste
Le ioug cruel qui vous presse la teste,
Sans plus seruir de passetemps ici
A ces Seigneurs qui vous brauent ainsi,
Resentez vous par vne belle audace
Du premier sang de vostre noble race:
Enflez vous d'ire, & vous souuienne encor'
Des mains, du cueur, du courage d'Hector,
Qui fut iadis la crainte des plus braues
De ces Gregois qui vous tiennent esclaues:
Vn seul de vous en vaille vn million,
Et par la mer emportez Ilion.
Encore Dieu qui regarde voz peines,
Dieu qui a soin des affaires humaines,
Comme les Grecs ne vous est outrageux:
,, La fortune aide aux hommes courageux?

E

Tel aiguillon leur versa dedans l'ame
Vne fureur, vne ardeur, vne flame
De liberté, de vaincre & de s'armer
Et d'emporter Ilion par la mer.
A tant vn peuple en armes effroyables
(Comme toisons de neiges innombrables
Qu'on voit du ciel espaisses trebucher
Quand l'air venteux noz terres veut cacher)
Va fremissant au bord de la marine.
Dessous le pas du peuple qui chemine
Vole vne poudre, & sous le pié qui fuit
Pour s'embarquer la terre fait vn bruit:
Fils, ne maisons ces hommes ne retardent:
Tristes de loin leurs femmes les regardent.
Ils s'assembloient d'vn pied ferme rangez
De dards, d'escus & de piques chargez,
Faisant vn bruit sur les riues chenuës,
Ainsi qu'on voit les-bien volantes gruës
Faire vn grand cri quand passer il leur faut
La mer pour viure en vn païs plus chaut.
Autant qu'on voit dans les creux marescages
Du bas Poitou, oyseaux de tous plumages,
D'vn nombre espaix, incroyable infini,
Les vns font bruit à l'entour de leur ny
Et d'aile espaisse entre-fendent les nuës:
Autres plus bas sur les riues bossues
Sous les rouseaux, ou sous l'ombre des ioncs,
Oyes, canars, & cygnes au col longs

Estandent l'aile, & s'esplument & crient
Qui haut qui bas: les riuages en bruient?
Autant venoient d'vn magnanime effort
Coupans les champs, d'hommes dessus le bord,
La riue tramble, & les flancs qui emmurent
Les flots salez, dessous le pied murmurent
De tant de gens au riuage arrestez,
Tous herissez de morions crestez.
Comme vn pasteur du bout de sa houlette,
Sous la clarté de Vesper la brunette
Au premier soir, separe ses cheureaux
Des boucs cornuz, des beliers les aigneaux.
Ainsi Francus d'vne pronte alegresse
Trioit à part la gaillarde ieunesse
Au sang hardy & laissoit d'autre part
Vieilles, vieillards, & enfans à l'escart,
Qui froids n'auoient ni teste ni poitrine
Pour supporter ni guerre ni marine,
Peuple sans nerfs & sans ardeur, que Mars
N'enrolle plus au rang des bons soldars,
 Francus vestu d'armes toute dorées
Des mains d'vn maistre artizan labourées,
Comme l'esclair d'vn tonnerre luisoit,
Et si grand peuple en ordre conduisoit,
Monstrant guerrier sa taille bien formée
Tel qu'on voit Mars au milieu d'vne armée,
Les morions, les piques des soldars,
Et les harnois fourbis de toutes pars,
        E ij

Et l'emery des lames acerées
Frapez menu des flames aitherées,
Et du rebat du Soleil radieux,
Vne lumiere enuoyoient iufqu'aux cieux,
Qui cà qui là comme à pointes menuës
En tramblotant f'efclatoit dans les nues,
Ainfi que luit fous l'ardante clarté
Meinte bluette au plus chaut de l'efté

Adonq Francus qui feul Maiftre commande,
Pour vn miracle au milieu de fa bande
Voulant fa main d'vne lance charger,
D'Aftyanax en Francus fit changer
Son premier nom en figne de vaillance,
Et des foldats fut nommé porte-lance,
Pheré-enchos, nom des peuples vaincus
Mal prononcé, & dit depuis Francus.
Comme il eftoit fur le front de la riue
Tout efclatant d'vne lumiere viue,
Ainfi qu'vn aftre au rayon efclarci
Voicy venir Andromache, & aufsi
L'oncle Helenin, qui Augure & Profette
Eftoit des Dieux veritable interprete.
Cette Andromache à qui l'eftomac fend
D'aize & de creinte acolloit fon enfant
A plis ferrez, comme fait le l'hierre
Qui bras fur bras les murailles enferre.

Mon fils, difoit, que tout feul i'ay conceu,
Autre que toy conceuoir ie n'ay fceu

LA FRANCIADE.

Du grand Hector, car Lucine odieuse
De meint enfant m'a esté enuieuse.
Pource le soin que mere ie deuois
Mettre en plusieurs, en toy seul ie l'auois,
Ie te pendoy petit à ma mammelle,
Ie t'ourdissoy quelque robe nouuelle,
Seul tu estois mon plaisir & ma peur,
Enfant, mary, seul mon frere, & ma sœur,
Seul pere & mere, & voyant la semence
De tous les miens germer en ton enfance
Me consoloy de t'auoir enfanté
Me restant seul de toute parenté:
Car des Gregeois la furieuse guerre
Toute ma race ont mise sous la terre,
Pour toy la vie & le iour me plaisoit:
Si quelque ennuy lamenter me faisoit
En te voyant i'alegeoy ma tristesse
Comme soutien de ma foible vieillesse:
Las! ie pensoy qu'au iour de mon trepas
Quand l'esprit vole, & le corps va là bas,
Que tu ferois mes obseques funebres
Clouant mes yeux enfermez de tenebres,
Me lauerois le corps froid de tiede eau,
Et de gazons me ferois vn tombeau
Comme bannie au bord de ce riuage,
Car aux bannis il n'en faut d'auantage,
Serrant ensemble en vn mesme repos
De mon mary les cendres & les os,

E iij

Haut inuoquant noz noms, & ce qui reste
De nous apres l'heure extreme & funeste.
Las! ie voy bien, mon fils que tu t'en-uois
Bien loin de moy, & que ma triste voix
Comme ta voile au vent sera portée
Demeurant seule icy deconfortée,
Mais pour mon corps ia proche de sa fin
Ne laisse, fils, à suiure ton destin.
O Iupiter, si la pitié demeure
La haut au ciel, ne permets que ie meure
Ains qu'il se fasse en armes vn grand Roy,
Et que le bruit en vole iusqu'a moy!
Donne grand Dieu, qu'au milieu de la guerre
Puisse ruer ses ennemis par terre
Mordants la poudre à chef bas renuersez
D'vne grand playe en l'estomac persez:
Que des citez la puissante muraille
Trebuche à bas en quelque part qu'il aille
Soit à cheual, soit à pié guerroyant,
Et que quelcum s'escrie en le voyant
(Fauorisé de fortune prospere)
Le fils vaut mieux aux armes que le pere.
 Disant ainsi, pour present luy donna
Vn riche habit que sa main façonna,
Où fut portraite au vif la grande Troye
En filets d'or ioints aux filets de soye,
Auec ses murs, ses rampars & ses forts.
Là Xanthe alloit passementant les bords

De cest habit des plis de sa riuiere:
La s'esseuoit la cuue forestiere
D'Ide pineuse, ou sourçant sauteloit
Meint vif ruisseau qui en la mer couloit:
Au pié du mont fut en riche peinture
Le beau Troyen, qui chassoit d'auanture
Vn cerf au bois, où Iupiter le vit
Qui par son aigle en proye le rauit,
Ce ieune enfant emporté dans les nuës
Tendoit en vain vers Troye les mains nuës
Cherchant secours: ses chiens qui le voyoient
L'ombre de l'aigle & les vents aboyoient.
Hector auoit cette robe portée
Le iour qu'Helene en triomphe abordée
Entra dans Troye, & depuis ne l'auoit
Mise: sans plus de parade seruoit
Au cabinet, où les plus cheres choses
De ce grand Prince estoyent toutes encloses.

 La luy donnant, prenez dit-ell' mon fils
Ce beau present que de mes mains ie fis,
Pour gage seur d'amitié maternelle,
Ayant de moy souuenance eternelle.

 Pleurant ainsi, Francus elle acolla,
Puis se pasmant au logis s'en alla,
Où ses seruans en son lit l'ont couchée
Ayant du sein l'ame toute arrachée
Pour la donner au sommeil adouci
Qui des mortels arrache le souci.

En cependant Helenin prend la corne
D'vn grand toreau au col pesant & morne,
Au large front & sans aucun effort
De son bon gré le meine sur le bort:
Puis d'vn grand coup de maillet luy desserre
Dessus le front: le toreau tombe à terre
Sur les genoux à chef bas estandu!
Il l'egorgea: le sang s'est respandu
A longs filets au fond d'vne grand tasse:
Dedans le sang qu'a bouillons il amasse
Mesla du vin, par trois fois l'escoula
Dessus la mer, puis Neptune apella.
 Pere Neptun' Saturnien lignage,
A qui par sort la mer vint en partage,
Que le Soleil n'a peu iamais tarir
Pour te laisser toutes choses nourrir,
Enten ma voix: donne que la nauire
De ce Troyen sillonne ton empire
Loin de fortune & cesse le courroux
Que dés long temps tu gardes contre nous.
 Neptune ouït la Troyenne priere
A chef haussé sur l'onde mariniere,
Et se plaignant encore d'Ilion,
Vne partie ottroye, & l'autre non:
Il ottroyra que la flotte Troyenne
Pourroit aller dessus l'onde Ægeénne,
Mais ne voulut l'autre part ottroyer
D'y seiourner long temps sans la noyer.
         Lors

LA FRANCIADE.

Lors Helenin adresse sa parolle
A son nepueu, & ainsi le consolle.
 Courage Prince, il te faut endurer:
Tu dois long temps meint sillon mesurer
De la grand mer, auant que tu arriues
De la Dunouë au Pannoniques riues,
Tous n'irez pas: mais grossement afin
De t'enseigner, escoute ton chemin
Non tout du long: il te le faut aprendre
D'vn Dieu qui peut parfaitement l'entendre.
Sortant du port, gaigne moy la grand mer,
Fay ta galere à tour de bras ramer
(Ta main ne soit du labeur affoiblie)
Entre Coryce & l'isle Ægialie.
Quand tu seras au flot Laconien
Pren à main dextre, & sage auise bien
De ne hurter au rocher de Malée,
Où l'onde en l'onde est asprement meslée.
La meint serpent, & meint grand chien marin
Mange les nefs, & d'vn gosier malin
Hume la mer & glouton la reiette
Plus roide au ciel qu'vne viste sagette:
Par tourbillons la vague qui se suit
Contre les bords abaye d'vn grand bruit.
De là poussant tes nauires armées
Outre la mer des Cyclades semées
Reuoirras Troye & les funebres lieux
Pleins des tombeaux de tes nobles ayeux.

          F

De là finglant à rames vagabondes
Par le deftroit des homicides ondes,
Voirras le Pas où fe noya la Sœur
Penduë aux crins de fon belier mal feur.
Tu feras voile au Thracian Bofphore,
Où l'Inachide eftant veftue encore
D'vn poil de bœuf, à coups d'ongles paffa
En lieu de rame, & fon nom luy laiffa.
Puis aprochant du grand Danube large
Qui par fept huiz en la mer fe defcharge,
Aborderas à l'ifle qui des pins
Porte le nom: là fçauras tes deftins
L'vn apres l'autre, hofte de la riuiere
De qui la corne eft fi braue & fi fiere.
Ce fleuue ayant fur la tefte vn rouzeau,
Et fous l'aiffelle vn vafe rempli d'eau
Et du menton verfant vne fontaine,
Te dira tout d'vne bouche certaine.
A tant fe teut: Iunon qui defcendit
En le tençant la voix luy defendit.

 Tandis la troupe au trauail non oifiue
Le toreau mort renuerfe fur la riue:
Ils ont le cuir en tirant efcorché,
Puis eftripé, puis menu dehaché
A morceaux crus: ils ont d'vne partie
Sur les charbons fait de la chair rotie,
Embroché l'autre, & cuitte peu à peu
Blanche de fel à la chaleur du feu,

LA FRANCIADE.

L'ont retirée, en des paniers l'ont mise,
Puis sur la table en des plats bien assise,
Ont pris leur siege, ont destranché le pain,
Ont fait tourner le vin de main en main,
Boiuant de rang à tasses couronnées
D'vn cœur ioyeux l'vn à l'autre données.
Apres qu'ils ont du boire & du manger
Osté la faim, ils s'allerent loger
Au premier front de la riue mouillée
Sur des lits faits d'herbes & de fueillée,
Où toute nuit iouïrent du repos
Ronflant le somme au murmure des flots.
 Au découcher de l'Aurore nouuelle
Le viel Vandois du siflet les apelle
(Qui seul estoit le Pilote ordonné)
Voyant le vent en poupe bien tourné,
L'Auton couuert de nuageux plumages
Qui va souflant deuant luy les orages.
Francus premier le siflet entendit,
Qui tout armé sa main dextre estendit
Dessus la terre, & ses yeux vers la nuë
Estant debout dessus la riue nuë
Prioit ainsi : O grand Patarean,
A l'arc d'argent, Tire-loin, Thymbrean,
Garde, Apollon, entiere cette troupe,
Dieu d'ambarcage, & permets que ie coupe
Sous heureux sort la *commande qui tient
Ma nef au bord. A peine eut dit qu'il vient

* Cōmāde est la grosse corde qui tient le bateau.

F ij

Hors du foureau tirer sa large espée:
Du coup la corde en deux pars fut coupée
Qui la nauire au riuage arrestoit
Ferme attachée à vn tronq qui estoit
D'vn chesne vieil foudroyé du tonnerre
De quatre pieds esleué sur la terre:
Puis vers le vent adressa son parler.
 Vent, le balay des ondes & de lair,
Qui de la nuë en cent sortes te ioüs:
Qui ce grand tout euantes & secoüs,
Qui peux cent bras & cent bouches armer,
Vien-t'en poupier ton halaine enfermer
Dedans ma voile, afin que sous ta guide
I'aille tenter ce grand royaume humide.
 Grand Iupiter qui du monde as souci
Ayant mon chef soumis à ta merci
Enten ma voix: Donne pere celeste
En ma faueur vn signe manifeste,
Tu le peux faire; on dit que quelquefois
Tu fis voler deux pigeons par ces bois:
L'vn fut donné à Iason pour escorte:
Donne moy l'autre, afin qu'heureux ie porte
De mon salut le signe trescertain,
Estant couuert du secours de ta main.
Comme il prioit, des Dieux le pere & maistre
Fit par trois fois tonner à main senestre.
Et ce pendent les rudes matelos.
Peuple farouche ennemy du repos,

D'vn cry naual hors du riuage proche
Demaroient l'ancre à la machoire croche,
Guindoient le maſt à cordes bien tendu.
Chaque ſoldat en ſon banc ſ'eſt rendu
Tiré par ſort: de bras & de poitrine
Ils ſ'eforçoient: la nauire chemine!
Les cris, les pleurs dedans le ciel voloient
Deſſous l'adieu de ceux qui ſ'en alloient.
 A tant Francus ſ'embarque en ſon nauire,
Les auirons à double ranc on tire:
Le vent poupier qui fortement ſoufla
Dedans la voile à plein ventre l'enfla,
Faiſant ſifler antennes & cordage:
La nef bien loin ſ'eſcarte du riuage,
L'eau ſous la poupe aboyant fait vn bruit,
Vn train d'eſcume en tournoyant la ſuit
D'vn blanc chemin fendant la vague perſe,
Comme vn ſentier de neige qui trauerſe
L'herbe d'vn pré: vn long trac blanchiſſant
Eſt au paſteur de loin aparoiſſant.
Qui a point veu la brigade en la danſe
Fraper des pieds la terre à la cadance
D'vn ordre egal, d'vn pas iuſte & conté,
Sans point faillir d'vn ni d'autre coſté,
Quand la ieuneſſe aux danſes bien apriſe
D'vn puiſſant Dieu la feſte ſolenniſe:
Il a peu voir les auirons egaux
Fraper d'accord la campagne des eaux.

Cette nauire également tirée
S'alloit trainant deſſus l'onde azurée
A dos rompu, ainſi que par les bois
Sur le printemps au retour des beaux mois
Va la chenille errante à toute force
Auec cent pieds ſur les plis d'vne eſcorce.
 Ainſi qu'on voit vers le ſoir meint cheureau
A pas gaillards ſuiure le paſtoureau
Qui va deuant entonnant la muſette:
Les autres nefs d'vne aſſez longue traitte
Suiuoyent la nef de Francus qui deuant
Alloit bien loin ſous la faueur du vent
A large voile à my-cercle entonnée,
Ayant de fleurs la poupe couronnée.
L'eau fait vn bruit ſous le fort auiron:
L'onde tortue ondoye à l'enuiron
De la carene, & autour de la prouë
Meint tourbillon en eſcumant ſe rouë,
La terre fuit, ſeulement à leurs yeux
Paroiſt la mer, & la voute des cieux.

FIN DV PREMIER LIVRE
DE LA FRANCIADE.

LE
SECOND LIVRE DE
LA FRANCIADE.

ES puissants Dieux la
plus gaillarde troupe
Estoit plantée au som-
met de la croupe
Du mont Olympe, où
Vulcan à l'escart
Fit de chacun le beau
palais à part,
Qui contemploient la
Troyenne ieunesse
Fendre la mer d'vne prompte alegresse:
Flot dessus flot la nauire voloit,
Vn trac d'escume à bouillons se rouloit
Sous l'auiron qui les vagues entame:
L'eau fait vn bruit luitant contre la rame!
  Le cœur sacré des Nymphes aux yeux pers
Menant le bal dessus les sillons vers
A chef dressé regardoient estonnées
Les pins sauter sur les vagues tournées:

G

Vn seul Neptun' couuoit au fons du cueur
Contre Ilion vne amere rancueur
Gros de dépit, du iour que mercenaire
(Dieu fait maçon) demanda son salaire
A Laomedon Prince de nulle foy:
Il demandoit iustement à ce Roy
L'argent promis d'auoir de sa truelle
Fait des Troyens la muraille nouuelle,
Quand se rouloient deux mesmes les cailloux
Sous son marteau: le Roy plein de courroux
Luy denia sa promesse, & pariure
En le frapant, le paia d'vne iniure.
Pource Neptun' en rage se tournoit
D'ire bouffi quand il s'en souuenoit:
Or voyant Troye en ces eaux élancée
Disoit ces mots furieux de pensée.

 Ha pauure Dieu vaincu par les mortels!
Dequoy me sert la pompe des autels
Frere à Iupin, race Saturnienne,
Si malgré moy la cendre Phrygienne,
Le démourant d'Achille est triomphant
Et qui plus est conduit par vn enfant?
Qui me défie & sans craindre mon ire
De ses bateaux tormente mon empire?
De quoy me sert le trident en la main,
Auoir l'Ægide armure de mon sein,
Dieu redoutable, auoir pour heritage
La grande mer du tout second partage?

LA FRANCIADE.

Si ie ne puis d'vn mortel me venger
Il ne faut plus me laisser outrager
Sans chastier cette race infidelle:
La vieille iniure apelle la nouuelle.
Le ciel vengeur a banni sur mes eaux
Ces Phrygiens coupables des trauaux
Que ie receu quand au port de Sigée
Les Grecs pressoient leur muraille assiegée
Et qu'Ilion par le cours de dix ans
Fournit de meurtre aux freres Atreans,
Ie m'efforcay d'vne brigue contraire
De fond en comble à les vouloir defaire,
Mais le destin ne le voulut souffrir,
Qui maintenant ses bannis vient offrir
A ma puissance, & changé me conuie
De me venger aux despens de leur vie.

 Disant ainsi, fit son char atteler
Que deux dauphins font vitement rouler
A dos courbé, à queuës tortillées,
Fendant du sein les vagues émaillées:
Luy dessus l'onde en son siege porté
Comme vn grand Prince enflé de maiesté
Lacha la bride, & le char qui s'élance
Fier de son Roy sur les vagues s'auance,
Puis en cernant d'vn grand & large tour
Toute la flotte & les eaux d'alentour
De ce Troyen atrapa la nauire:
Le vent apelle, & ainsi luy va dire.

Vent, la terreur des cieux & de la mer,
Ce n'eſt pas moy qui vous fiz enfermer
En voz rochers, où tourmentez de crainte
Deſſous vn Roy languiſſez par contrainte,
Vn ſeul Iupin le fit contre mon ſceu,
A ſon pouuoir reſiſter ie n'ay peu,
Car c'eſt vn Dieu de puiſſance inuincible:
Ainſi que luy ie ne vous ſuis terrible
Vous careſſant & preſtant ma maiſon
Quand dechénez ſortez hors de priſon,
Non à vn ſeul, mais à tous quatre enſemble
La renuerſant ainſi que bon vous ſemble:
Pource Aquilon ne ſouffre plus parmy
Mon flot ſalé ce bagage ennemy,
Mais d'vn grand vol retourne vers Æole,
Di luy qu'il tienne auiourd'huy ſa parole,
Et le ſerment qu'en la dextre me fit
Quand par mon aide Hercule il déconfit,
Que de ſon ſceptre il faſſe vne ouuerture
Aux vents enclos en leur cauerne obſcure:
Qu'il les détache, & portez d'vn grand bruit
Chargez d'eſclairs, de tempeſte & de nuit
Par tourbillons enflent la mer de rage,
Et ces Troyens acablent d'vn orage:
Di luy qu'il rompe aux trauers des rochers
Pour me venger nauires & nochers:
Digne n'eſt pas telle gent pariurée
De voir longs temps la lumiere etherée,

LA FRANCIADE.

Assez & trop malgré nous a vécu
Ce sang maudit par tant de fois vaincu.
 A peine eut dit qu'il vit la messagere
Iris voler d'vne plume legere
Haute sur leau, qui peinte reuenoit
De voir Thetis, & au ciel retournoit
Pleine d'humeurs. Ce Dieu s'aprocha d'elle,
Luy tend la main, la caresse & l'apelle.
 Honneur de l'air, va conter à Iunon
Que les Troyens ennemis de son nom
Frapent la mer de gaillarde vitesse
Ensorcelez d'vne faulse promesse:
Si le courroux boult encor' en son cueur,
Si le dépit d'vne vieille rancueur
Son estomac encores époinçonne,
C'est maintenant que le Destin luy donne
De se venger le temps & le moyen,
Perdant Francus & tout le nom Troyen:
Di que soudain mette la main à l'œuure,
Que sa puissance en l'air elle découure
Brassant contre eux vn amas pluuieux.
A tant se teut: Iris remonte aux cieux,
Tirant vn arc dessus les ondes perses
Tout bigarré de cent couleurs diuerses:
Puis comme vn chien au bon nez qui du bois
Ayant ouï de son maistre la voix
Reuient à luy, le reflatte & le touche
Et sous ses pieds obeïssant se couche

L'œil contremont qui semble demander
Si son seigneur luy veult rien commander,
A sa parolle ayant l'oreille preste
Sans sommeiller d'vne pesante teste:
Ainsi Iris sous les pieds se planta
De sa maistresse, & le fait luy conta.
   Incontinent vne troupe de nuës
Sont pesle-mesle a son thrône venuës
Comme troupeaux bien rangez à l'entour
De leur pasteur, quand la pointe du iour
Et la rosée aux herbes les conuie,
D'vne grand' bande vne bande est suiuie,
Pié contre pié: & Iunon qui les prent
Leur forme vn corps ore gros ore grand
Comme il luy plait: les vnes son cornuës,
Les autres sont ou grosses ou menuës.
Ainsi qu'on voit le bon haquebutier
Qui sur l'hiuer prepare son metier,
Verser du plomb en son moule, pour faire
De la dragée: il la forme au contraire
D'vn corps diuers comme le plomb se fond,
L'vne est quarrée, & l'autre a le corps rond,
L'autre l'a long: ainsi Iunon la grande
En cent façons forma l'humide bande
Filles de l'air: en l'vne elle soufloit
Neiges & gresle, & de l'autre elle enfloit
Tout l'estomac d'orages & de pluye,
De foudre pers, de scintille & de suye;

LA FRANCIADE.   28

L'vne en bruiant sur l'autre se rouloit,
L'autre blafarde & noiratre couloit
Ayant d'azur la robe entre-semée,
Et l'autre estoit de feu toute alumée.
 Tandis les vens auoient gaigné la mer,
Flot dessus flot la faisoient écumer,
La renuersant du fond iusques au feste,
Vne importune outrageuse tempeste
Siflant, bruiant, grondant & s'éleuant
A grands monceaux sous la gorge du vent
Branle sur branle, & onde dessus onde,
Entre-ouuroit l'eau d'vne abisme profonde,
Coup dessus coup dans le ciel la poussoit,
Coup dessus coup aux enfers l'abaissoit,
Et forcenant d'vne ecumeuse rage
De gros bouillons couuroit tout le riuage :
Vn siflement de cordes, & vn bruit
D'hommes s'éleue : vne effroiable nuit
Cachant la mer d'vne poisseuse robe
Et iour & nuit aux matelots dérobe :
L'air se creua de foudres & d'éclairs
A longue pointe estincelants & clairs,
Drus & menus, & les pluies tortuës
Par cent pertuis se creuerent des nuës :
Meint gros tonnerre ensoufré s'eclattoit,
De tous costez la mort se presentoit
A ces Troyens : lors d'vne froide crainte,
En tel danger Francus eut l'ame atteinte,

De large pleurs arroza ses beaux yeux,
Puis gemissant tendit les mains aux cieux.
 S'il te souuient de noz humains seruices
Grand Iupiter, n'oubly les sacrifices
Du pere mien, qui sus tous les mortels
De boucs sanglants a chargé tes autels:
Ha! tu deuois en la Troyenne guerre
Faire couler mon cerueau contre terre,
Sans me sauuer par vne feinte ainsi
Pour me trahir à ce cruel souci:
I'eusse honoré les tombeaux de mes peres,
Ou ie n'atten que ces vagues ameres
Pour mon sepulcre, abusé de l'espoir
Que tes destins me firent conceuoir.
 Comme il disoit, les tempestes troublées
Ont contre luy leurs forces redoublées:
L'air creuassé d'vn tonnerre grondant
Et d'vne pluye en tortis descendant,
Suiui d'éclairs, d'opiniatre presse
Lechoit la mer d'vne lumiere épesse
A feu menu qui sur l'eau s'elançoit,
Et des nochers les yeux ébloüissoit.
Des vieux patrons la parolle épandue
Sans estre ouïe en l'air estoit perdue,
Tant la fureur de Boré qui donnoit
Par le cordage horrible s'entonnoit:
L'vn du nauire étoupe les creuasses,
L'autre s'oppose aux humides menaces,

Et

LA FRANCIADE.

Et fait la mer en la mer retourner,
L'vn tient la voile, & ne la veult donner
Si large au vent, & l'autre à toute peine
Cale du mast & cliquet & antenne:
L'vn court icy, l'autre court d'autre part
(Mais pour neant: le mal surmonte l'art!)
Si éperdus qu'ils n'ont pour toutes armes
Que les sanglots, les soupirs & les larmes,
Les tristes vœux, extreme reconfort
Des mal-heureux attendus de la mort.
 Aucunefois vne bourasse fiere
Tourne la prouë, & la repousse arriere,
L'autre bourasse au ventre plein de vent
Single la poupe & la pousse en auant,
Rompt la carene, & de forte secousse
En la hurtant à costé la repousse:
Auec grand bruit le vaisseau soufleté
Dessous se creue ou le vent la heurté.
Entre les feux le tonnerre & la pluie,
La nuit, la gresle, vne ardante furie
D'orage emporte à l'abandon de l'eau
Six grands vaisseaux élongnez du troupeau.
Mais à la fin la bonasse fortune
(Touiours ne vit le courroux de Neptune)
Loin les aborde au riuage inconnu
De la Prouence, où le Rosne cornu
Entre rochers roulant sa viste charge,
Pres Aigue-morte en la mer se décharge.

H

Là ces Troyens sur le sable arriuez
Furent long temps d'hostelage priuez
Sans maçonner vne muraille neuue:
Touchez apres de la beauté du fleuue
Loin d'Ilion planterent à Tournon
De leur Seigneur les armes & le nom,
Braue guerrier, qui gros de renommée
Ioignit depuis à Francus son armée.
  Sept autres nefs contraintes par l'effort
D'Est, de Surest, & du Suz, & du Nort,
Pirouëtant dessus la vague perse
Du haut en bas sentent à la renuerse
Tomber le mast, l'antenne qui le suit
Broncha dessus, les cordes font vn bruit
Comme vn pin fait entier en ses racines,
Quand vn torrent des montaignes voisines
Le fait verser, fracassant & courbant
Tous les buissons qu'il rencontre en tombant.
Deux tourbillons en ont deux aualées
A gorge ouuerte en leurs ondes salées,
Acte piteux: Pallas branlant es mains
Ses feux soufrez, la terreur des humains,
Lance vn esclair dedans l'autre nauire:
Le feu mangeard qui se tourne & se vire
En tourbillons courant de part en part,
De banc en banc, de rampart en rampart,
Prit le Pilot, le massacre & le tuë,
Et my-brulé sur les vagues le ruë.

Des autres trois orfelins de leurs mas
Les deux beans & dissouls par à bas
De cent pertuis sentent ouurir leur ventre,
Le flot meurtrier vague sur vague y entre
A meint bouillon qui les costes creua,
Et les humant sous l'eau les aggraua.
L'autre au malheur opposant l'artifice,
De la tempeste euitoit la malice
De toutes pars en doute resistant :
Ainsi qu'on voit vn hardi combatant
Dessus le mur de la ville asiegée
Se planter ferme en sa place rangée
Pour l'ennemy du rampart décrucher,
En fin luymesme est contraint de broncher,
De ses genoux les forces luy defaillent,
Car entre mille & mille qui l'assaillent,
Vn par sur tous le plus brusque & gaillard
Tout armé saute au dessus du rampart
L'enseigne au poin, & en donnant passage
A ses soldats, leur donne aussi courage :
Ainsi de mille & mille flots voutez
Qui assailloient la nef de tous costez
Vn le plus haut & le plus fort s'auance
Et d'vn grand heurt sur le tillac s'éslance
Victorieux, puis les autres espais
Qui çà qui là l'entre-suiuant de pres,
Rompent les bords, les bancs, & la carene,
Et la nauire enfondrent sous l'arene.

LE II. LIVRE DE

L'vn vers le ciel pour secours de son mal
Tendoit les mains, l'autre comme à cheual
Flottoit dessus vne antenne cassée:
Là des Troyens la richesse amassée
Par tant de Roys, sur les ondes roüoit,
Seruant aux vents & aux flots de iouët,
Armes, bouclairs, robes de riche ouurage
Nageoient sur l'eau, la proïe du naufrage.
Trois fois la Lune, & trois fois le Soleil
S'estoient couchez, que l'hiuer nompareil
Armé d'esclairs & de vagues profondes
N'auoit cessé de tourmenter les ondes:
Sans plus la nef de Francus resistoit
Haute sur l'eau, qui encores s'estoit
Seule sauuée & des eaux & des flames,
Ayant perdu ses voiles & ses rames.
Quand vn fort vent suiui de tourbillons,
Et de l'horreur des humides sillons
En la singlant d'vne bien longue traitte
La chassé au bord du riuage de Créte.
 Vn banc estoit de sablon amassé
Voisin du bord où Francus fut chassé
Haut de falaize & de bourbe atrainée:
Là pour mourir la fiere destinée
L'auoit conduit: de tous costez le bord,
Le banc, la mer luy presentoient la mort.
Comme il pleuroit sur le haut de la poupe
Il s'aduisa d'élire de sa troupe

LA FRANCIADE.

Vint chevaliers qui depuis ont esté
(Ainsi estoit dans le ciel arresté)
Tiges & chefs des familles de France:
Les choisissant tout le dernier s'elance
Dedans l'esquif, aimant trop mieux perir
Au bord, qu'en mer vilainement mourir.
Leurs pieds n'estoient à peine en la nacelle
Que le courroux d'vne vague cruelle
Les fit par force au riuage aprocher,
Et leur chalan froissa contre vn rocher,
Rocher qui dur, espineux & sauuage
De son grand dos ramparoit le riuage,
Ayant du vent touiours le chef batu,
Les pieds du flot aboyant & tortu.
Là le Demon qui preside à la vie
En tel danger leur fit naitre vne enuie
De s'attacher à ces rochers bossus,
Et s'efforcer à gaigner le dessus,
Comme ils vouloient auecques la main croche
D'ongles aigus grimper contre la roche,
Le premier flot qui les auoit pressez
(S'en retournant) en arriere poussez
Les recula: la mer qui se courouce
D'vn flot second encores les repousse
Contre les bords raboteux & tranchans.
   Là ces Troyens aux cailloux s'acrochans
D'ongles, d'orteils s'aheurtent & se tendent,
Et regrimpans contre le roc se pendent,

Se dechirans les longues peaux des dois,
L'vn s'attachoit aux racines d'vn bois,
L'autre essayoit d'empoigner vne branche,
Pui main sur main & hanche de sur hanche,
Coude sur coude en haletant d'effort
Par les cailloux montoient contre le bord.
L'eau de la mer des cheueux goute à goute
Depuis le front iusqu'au pié leur degoute
Blanche d'écume, & leurs membres souflez
De tant de vents, se boufirent enflez:
Les flots salez de la gorge vomirent,
Euanouïs leurs esprits se perdirent
De tant de maux debiles & lachez
Comme corps mors sur la riue couchez
Sans respirer, sans parler: mais à l'heure
Que le toreau qui tout le iour labeure
Franc du colier retourne à la maison,
Ces corps sortis de longue pamaison
Baisent la terre & la riue venteuse.
Quiconque sois, Terre, sois nous heureuse,
(Ce disoient ils) & loin de tous dangers
Sauue en ton sein ces pauures estrangers,
Qui ont souffert meinte dure fortune
Par le courroux des vents & de Neptune.
   Comme ils prioient, le dormir ocieux,
Chasse-souci leur vint siller les yeux,
Et l'vne à l'autre attachant la paupiere
Leur deroba le soin & la lumiere.

LA FRANCIADE.

Tandis Cybelle en son courage ardoit
Dequoy Neptun' son Francus retardoit:
Car elle aimoit (comme estant Phrygienne)
L'enfant d'Hector & la race Troyenne:
Pource soudain son char elle attela,
Bat ses lions, & vers le Somne alla.

Le Dieu vieillard qui aux songes preside
Morne habitoit dans vne grotte humide:
Deuant son huis maint pauot fleurissoit,
Mainte herbe à laict que la nuit choisissoit
Pour en verser le ius dessus la terre
Quand de ses bras tout le monde elle enserre:
Somne, dit ell', le repos de noz yeux,
Le bien aimé des hommes & des Dieux,
Par qui le mal tant soit mordant s'oublie,
Par qui l'esprit loin du corps se délie,
Va (ie le veux) en ceste isle où souloient
Iadis sauter les hommes qui baloient
Au son du cistre, & de cliquantes armes
S'entre-choquant, auantureux gendarmes,
D'œil vigilant en l'antre Dictæen
Gardoient le bers du grand Saturnien,
Terre fertile, anciennes retraites
Des Corybans, Dactyles, & Curétes:
Là de leur race est encor auiourd'huy
Vn Corybant, le soutien & l'appuy
De tout honneur, de science semblable
Au vieil Chiron Centaure venerable:

Quand il auoit le sang plus genereux,
En sa ieunesse il deuint amoureux,
Si qu'en pressant à sa chere poitrine
Par amitié vne Nymphe marine
D'elle conceut deux filles & vn fils:
Les filles sont ainsi que deux beaux lis,
En la maison de leur pere croissantes,
En age, en grace, en beauté florissantes.
Le fils captif languit depuis vn an
En la prison d'vn barbare gean
Qui les mortels à son Dieu sacrifie,
Et d'vn maillet leur dérobe la vie
Sus vn autel touiours tiede de sang
Où les corps mors il acroche de rang.
Luy plein d'honneur, de biens, & de richesse,
Tient sa maison ouuerte de largesse
Aux estrangers, tant il a grand desir
Entre vn millier d'en pouuoir vn choisir
Qui le reuanche, & son fils luy redonne
Seul heritier de sa noble couronne.
 Va-ten vers luy & en te transformant
Presente luy quand il sera dormant
Autour du lit cent formes épandues,
Piqueurs, veneurs, trompes au col pendues,
Lesses & chiens, bocages & forests,
Larges épieux, cordages & filets:
Limiers ardans, cerfs suiuis à la trace,
Et tout le meuble ordonné pour la chasse:
         Presente

LA FRANCIADE.

Presente luy des hommes inconnus
En longs habits à la riue venus,
Sous qui son fils les armes doit aprendre,
Et par leurs mains sa liberté reprendre.
D'vn mesme vol affublé de la nuit,
Fantaume vain, porte toy sur le lit
Où va dormant l'vne & l'autre pucelle,
Fay leur sembler qu'vne estoile nouuelle
Viue d'éclairs, d'vn voiage lointain
Passant la mer vient loger en leur sein,
Et raionnée en flames bien éprises
Baize leur chair sans ardre leurs chemises.
Va-ten apres au bord où les Troyens
Dorment recreus des flots Neptuniens,
Dessus leur teste arreste ta volée,
Leur ame soit en songeant consolée
Sans auoir peur des habitans du lieu :
Car ia Mercure enuoyé du grand Dieu,
Des citoiens a flechi le courage
Pour en bonheur couertir leur dommage.

A tant se teut : & le Roy du sommeil
Tout chassieux, ennemy du reueil,
D'vn chef panché que lentement il cline,
Et du menton refrapant sa poitrine,
Se resecouë, & sorti de son lit
Le mandement de Cybelle accomplit.

Incontinent que l'Aube aux doits de roses
Eut du grand ciel les barrieres décloses,

I

Le Roy Dicté (ainsi se surnommoit
Ce Coryban qui la iustice aimoit)
Grand terrien, d'honneur riche, & de race,
Dresse l'apreft d'vne aboyante chasse,
Son palefroy à gros bouillons fumeux
Remachant l'or de son frein escumeux
Est à la porte, où à foule se rendent
Ieunes piqueurs qui deuisant l'attendent:
Maint chien courant couple à couple les suit,
De tous costez la meute fait vn bruit!
Par bois fueillus, par monts, & par valée,
Pleine de cris cette chasse est allée:
Maint gros sanglier de dents croches armé,
Maint cerf craintif au large front ramé
Estoit ia mort, quand au vueil de Cybelle
Vn cerf poussé par embusche nouuelle
Tournant, virant, haletant, & mourant
De soif pantoise, alla viste courant
Vers le riuage: & le pere Dicæe
Suiuant ses pas par la poudre tracée
Comme le cerf à la riue aborda,
Où ces grands corps inconnus regarda.
Lors les Troyens en sursault s'éueillerent
Qui de le voir au cueur s'esmerueillerent,
Luy plein d'effroy en pamaison deuint:
Et de son songe à l'heure luy souuint.
D'où estes vous (dit il) de quelle place,
Quels sont voz noms, & quelle est voftre race,

LA FRANCIADE. 34

Quelle fortune, ou quelle mer sans foy
Vous à trahis: hostes respondez moy:
Car à vous voir (bien que pleins de miseres)
* N'estes méchans ni fils de méchans peres.
  Alors Francus baignant ses yeux de pleurs,
Et soupirant aigrement ses douleurs
Luy respondit: Si iamais les merueilles
Des Phrygiens ont frapé tes oreilles,
La longue guerre, & les dix ans d'assaults,
Le fier Achille auteur de tant de maux,
Le sac, la prise, & la flamme funeste
Du brazier Grec, nous en sommes le reste:
Pour soutenir maisons, temples & Dieux,
Femmes, enfans moururent noz ayeux
L'vn sur le mur, l'autre au milieu des armes
Hector honneur des valeureux gendarmes
Qui m'engendra, aiant cent mille fois
Trempé le sable au meurtre des Gregeois
Gardant son pere, & sa mere, & sa ville,
Y fut tué par la traison d'Achille.
Comme vn sapin par le fer abatu
Hector tomba de ses armes vestu
Faisant vn bruit sur la poudre Troyenne.
Où du vainqueur la rouë Æmonienne
(Acte vilain & plein d'impieté)
Trois fois le traine autour de sa cité:
Ie fus sauué de la flamme cruelle
(Miracle grand) pendant à la mammelle,

I ij

Du Grec veinqueur i'ay flechi sous la loy,
Nourri sans nom bien que germe de Roy:
Ceux que tu vois d'vn visage si blesme,
Couchez icy, ont eu fortune mesme.
De mesme ville, issus de mesme part,
Mais alliez de sang & de hazard.
Quand sans honneur, sans grandeur, sans enuie
De plus haut bien, i'allois trainant ma vie
En Chaonie aux pieds de mes parens,
Voicy d'en haut des signes apparens,
Voicy Mercure enuoyé du grand pere
Tancer mon oncle & menacer ma mere,
Dequoy forçant le ciel & la saison
Ils enfermoient ma gloire en la maison,
Et que des Dieux les grandes destinées
Auoient pour moy les Gaules ordonnées,
Ia dans le ciel pere des Roys receu.
Mais le Destin, & les Dieux m'ont deceu.
Croiant en vain leur promesse menteuse
Prontie me donne à la vague venteuse,
Armant en mer quatorze grand vaisseaux
De viures pleins & de forts iouuenceaux,
Dont i'esperois d'vne haute entreprise
Donter sous moy ceste Gaule promise.
,, Mal'heureux est qui dedaigne le sien
,, Pour l'estranger: en lieu de tant de bien,
Couronne, sceptre, & royal mariage,
I'ay la mer seule & les vents en partage,

Qui d'esperance & de biens m'ont cassé,
Et de quatorze vn vaisseau m'ont laissé
Qui pres ce bord sans mas & sans antene
Demy rompu s'embourbe sous l'arene,
Où tout mon bien i'auois fait enfermer
,, Si cest du bien ce qui flotte en la mer:
,, Du bout du haure on doit voir la marine,
,, Mal'heureux est qui sur elle chemine.
Apres auoir trois iours entiers erré
D'astres certains & de voie égaré,
Touiours pendu sur la vague meurdriere,
Vn bon Demon esmeu de ma priere
Me secourant (d'hommes & d'armes nu)
Ma fait grimper à ce bord inconnu,
Proie des loups, & des bestes sauuages:
Nous ignorons des hommes les courages,
S'ils sont mechans, si apres les dangers
Ils ont le cueur piteux aux estrangers,
S'ils craignent Dieu, s'ils aiment la iustice,
Ou s'ils sont pleins de sang & de malice:
Pource, benin aie pitié de nous,
Sois homme ou Dieu, i'embrasse tes genous:
Si tu es Dieu, tu sçais bien nostre peine,
Si tu es homme, vne douceur humaine
Doit émouuoir ton cueur à passion
Ayant horreur de nostre affliction.
  Il dist ainsi: le vertueux Dicæe
Contre-respond: Cette terre embrassée

I iij

Des flots marins comme tu vois ici
Porte vn bon peuple & vn mauuais aufsi,
Mais à ce coup ta fortune meilleure
T'a fait furgir où la vertu demeure:
Pource tu fois hofte le bien venu.
Qui eft celuy qui viuant n'a connu
L'honneur Troyen, & pour garder fa terre
Les faits d'Hector vn foudre de la guerre?
Il me fouuient qu'vn iour Idomené
Me difcouroit, de nouueau retourné,
(Il retournoit nouuellement de Troye
Chargé d'honneur, de renom & de proie)
Qu'apres qu'Hector les Grecques naufs brula,
Que vers Priam ambaffadeur alla
Traiter la paix, mais il ne la peût faire
Ayant Pâris capital aduerfaire:
Par courtoifie il logea chez Hector
Qui l'honora d'vne grand' coupe d'or
Au departir, où viuoit entaillée
Sous le burin la Balaine écaillée
Ouurant la gueule, & feignant vn femblant
De deuorer le pauure corps tremblant
De la pucelle Hefion attachée
Contre vn rocher: la mer eftoit couchée
Au pié du roc, qui de flots repliez
De la pucelle alloit baignant les piez
* Idomené me donna cefte coupe
Que ie tien chere entre vne riche troupe

D'autres vaisseaux, dont ie cheris mes yeux
Et boy dedans au festes de noz Dieux:
Il estimoit d'Hector la courtoisie,
Les vaillans faits, les vertus, & la vie,
Et ennemy son honneur n'abaissoit,
Ains iusq'au ciel ses loüanges poussoit.
Pource ie croy que vostre bien-venuë
Est par le vueil des bons Dieux auenuë,
Et que le ciel qui de nous a souci,
Pour mon suport le promettoit ainsi.
Vous ne pressez vne terre étrangere,
C'est ô Troyens, vostre ancienne mere
Crete, dont Teucre autrefois est issu,
De qui le nom pour tiltre auez receu:
Encore Ida la montagne Troyenne
S'ésleue icy, la demeure ancienne
De voz aieux, & pource ostez du cueur
Comme asseurez le soupson & la peur,
Et desormais rapellez l'esperance
Surgis au lieu qui fut vostre naissance,
 De peu de gens ce Prince enuironné
En son palais pensif est retourné
D'où liberal il enuoye au riuage
Quatre moutons, vn bœuf de grand corsage,
Gras, bien charnu, & six barreaux de vin,
Coupes, habits, & chemises de lin,
Pour festoier & couurir ceste bande
A qui la faim outrageuse commande.

„ Rien n'est meilleur pour l'homme soulager
„ Apres le mal que le boire & manger.
Eux affamez ces viandes rauirent,
Qui d'vne autre ame au besoin leur seruirent
Reuigorant la force de leurs corps,
„ Car le manger rend les hommes plus forts.
Tandis la nuit à la robe étoilée
Auoit la terre espaissement voilée
D'vn manteau noir, ombreux & paresseux,
Lors que voicy les fantaumes de ceux
Dont la grand mer en vagues departie
Auoit les corps & la vie engloutie,
Enflez, bouffis, écumeux, & ondeux,
Au nez mangez, au visages hideux,
Qui pepians d'vne voix longue & lente
(Comme poulets cherchans leur mere absente)
De mains, de pieds figurans leur mechef,
De Francion enuironnoyent le chef.

  Enfant d'Hector (disoyent ils) nous ne sommes
Plus ces corps vifs, mais feinte de ces hommes,
Qui bien armez & pronts à tous hazars
En tes vaisseaux tu choisis pour soldars,
Sur qui les vens au fort de la tempeste
Ont renuersé cent gouffres sur la teste:
Noz corps flotans apastent les poissons,
Noz espris (las) en cent mille façons
Déprisonnez de l'humaine clôture
Dessus les flots errent à l'auenture:

Fay

LA FRANCIADE. 37

Fay nous aumoins sur le bord de ces eaux
Le triste aprest de quelques vains tombeaux,
En attendant que les eaux poissonneuses
Repousseront aux riues sablonneuses
Las! de noz corps le viel moule deffait
Pour leur bastir vn sepulchre parfait.
Atant s'enfuit la troupe naufragiere
Ainsi qu'on voit vne poudre legere
S'éuanouïr, tournoiant & suiuant
Les tourbillons qui anoncent le vent.
 Si tost que l'Aube à la face rosine
Eut le Soleil tiré de l'eau marine,
Francus s'éleue & des premiers gazons
Fit des tombeaux, funerales maisons,
Puis repandant vne fiole pleine
De sang sacré en leur demeure vaine,
Haut apelloit les ames qui venoient,
Et sur l'obseque espaisses se tenoient,
Faisant tel bruit, que font en leur nichée
Les arondeaux attendans la béchée:
Et tels qu'on voit au milieu de l'esté
Sous la plus viue & brulante clarté
Errer espais vn gros monceau qui tremble
De moucherons qui volent tous ensemble.
Gresles, menus, tournans de lieux en lieux,
Et si petis qu'ils nous trompent les yeux.
 Bien que voz corps (disoit Francus aux ames)
Ne soient enclos sous ces herbeuses lames

k

En attendant vn tumbeau plus certain
Contentez vous de cest office vain,
Et frequentez en longue patience
Ces logis pleins de nuit & de silence.
Esprits malins, ne nous suiuez iamais
Ou soit en guerre, ou soit en temps de paix,
Et en dormant n'épouuentez noz songes
D'effroy, de peur, ni d'horribles mensonges
Qui au reueil rendent l'homme transi,
Et sans nous suiure arrestez vous ici.
  Disant ces mots, plein d'vn soin qui le presse
Seul sur la riue élongné de la presse,
Se tourmentant d'vn long soupir amer
Prioit ainsi la fille de la mer.
Enten ma voix Paphienne Erycine,
Si tu naquis de l'écume marine,
Ne souffre plus que tes flots maternels
Me soient auteurs de tourmens eternels:
Alme Venus, mets en ta fantasie
Le souuenir de ceste courtoisie
Dont l'oncle mien te preferant, vsa
Lors que la pomme à Pallas refusa,
Et à Iunon, qui encores dolente
D'vn tel refus en tous lieux nous tourmente:
Et s'il est est vray qu'autrefois as laissé
Le ciel vouté du pié des Dieux pressé,
Et les citez sous ton pouuoir gardées
Pour habiter les montagnes Idées

LA FRANCIADE.

Prife d'amour d'vn pafteur Phrygien,
Aie pitié du mefme fang Troyen:
Tu gardas bien & Iafon & Thefée
Cueurs defireux d'affaire mal aifée,
Et s'ils n'auoient (les fauuant de perils)
Tant fait pour toy que mon oncle Pâris:
Comme eux ie trace vne affaire bien haute,
Et fi ie faux, au deftin foit la faute,
Et non à moy de rien ambitieux
Qui n'ay fuiui que l'oracle des Dieux.
 Priant ainfi, Venus la mariniere
D'oreille pronte entendit la priere:
Elle veftit fes fumptueux habis,
Orna fon chef flamboiant de rubis
Entre-mellez de groffes perles rondes,
En cent façons friza fes treffes blondes,
Amignota de fes yeux les regars.
Regars ie faux, ains homicides dars,
Prit fes aneaux de fuperbe engraueure,
Hauffa le front, compofa fon alleure,
Se parfuma, s'oignit, & fe leua:
Puis vers Amour fon cher mignon s'en-va.
L'enfant Amour écarté de la preffe
Des autres Dieux, fous vne treille épeffe
Dans le iardin de Iupiter eftoit
Où Ganymede aux efchets combatoit:
Venus de loin commence à luy fou-rire,
Flata fa ioüe, & ainfi leuy va dire.

LE II. LIVRE DE

Mon fils, ma vie, Amour mon petit Roy,
Tu es mon tout, ie ne puis rien sans toy,
Mais quand noz traits sont decochez ensemble
Il n'ya Dieu si puissant qui ne tremble:
Laisse tout seul iouër ton compaignon,
Embrasse moy, baize moy mon mignon,
Pens à mon col, Mon fils ie te pardonne
Tous les tormens que ta fleche me donne,
Tous les ennuis & soucis infinis
Pour les amours d'Anchise & d'Adonis,
Si de ton trait tu blesses la pensée
En Francion, des filles de Dicæe:
Aide au Troyen, il est digne d'auoir
Pour sa beauté faueur de ton pouuoir:
Ie te donray pour te seruir de page
Le Ieu mignard qui te resemble d'age,
Fin comme toy, de qui les petis doits
Tous enfantins porteront ton carquois,
Et ton bel art qui le monde conqueste:
Il sera tien si tu fais ma requeste.
Adonc Venus le mit en son giron,
Roses & lis épanche à l'enuiron
De sa perruque, & l'endort en sa robe:
Puis doucement de son fils se dérobe,
S'en-vole en Cypre, où d'encens Sabæens
Fument touiours ses autels Paphiens.

A tant Amour du sommeil se secouë,
Ses blonds cheueux arrangea sur la iouë,

Vne double aile à son dos attacha,
Et son carquois pendillant decrocha
Du prochain mirthe, il empoigne en la dextre
L'arc & des Dieux & des hommes le maistre,
Puis s'élançant hors la porte des cieux
Comme vn enfant assez malitieux
Se rue en l'air: le ciel, l'onde & la terre
Luy font honneur: Zephire qui desserre
Sa douce haleine odorante à l'entour
Tout amoureux va conuoiant Amour.
Ce petit Dieu qui trompe la ceruelle
Des plus ruzez, prit semblance nouuelle
Se herissant en la forme d'vn tan,
(Fier animal) qui au retour de l'an
Quand le printemps rameine ses delices,
Parmi les prez fait courir les ienisses:
Il se rendit inuisible à le voir
Petit fantosme, & puis alla s'assoir
Dessus la porte où le Prince Dicée
Superbe auoit sa demeure dressée.

 Tandis Francus branlant dedans la main
Vn iauelot à la pointe d'airain,
Ayant au col sa targue à mainte houpe,
Vers le chasteau mena sa ieune troupe.
Venus la belle au departir des bords
Songneuse d'eux enmantela leurs corps
D'vne nueuse & obscure couronne
Pour n'estre veuz ni conneuz de personne.

k iij

Quand au palais Francion arriua
Loin de leurs corps l'air espais se creua,
Et leur figure est propre reuenuë
Comme astres clairs deuetus d'vne nuë.
Ce iour Francus à merueille estoit beau,
Son ieune corps sembloit vn renouueau
Lequel estand sa robe bien pourprée
Dessus les fleurs d'vne gemmeuse prée,
La Grace estoit à l'entour de ses yeux,
De front, de taille, égal aux demi-dieux.

    Deuant la porte en assez long espasse
Large quarrée estoit vne grand'place
Où la ieunesse aux armes s'esbatoit,
Piquoit cheuaux, voltigoit & lutoit,
Ou defendoit le pas à la barriere,
Haut dans le ciel en voloit la poussiere,

    En ce pendant que d'œil pront & ardant
Francus alloit le palais regardant,
Festes, festons, guillochis, & oualles,
Dicé vestu de dignitez roialles
Accompagné de deux cens iouuenceaux
D'age pareils, aux mentons damoiseaux,
Au doux regard, d'vne courtoise sorte
Vint caresser Francus outre la porte,
Le bien-veignant, & d'vn visage humain
Le tient, l'embrasse, & luy serre la main.
Pres de ce Prince en robe solennelles
Estoit sa femme & ses filles pucelles,

LA FRANCIADE.

A qui fuseaux, & fil tout à la fois
Estoient de haste escoulez de leurs doits,
Tant ell'auoient bon desir dedans l'ame
Voir l'estranger: meinte amoureuse flame
Qui de leurs yeux à passades voloit
Comme venin dans le sang s'écouloit.
Tandis le Dieu qui petit se dérobe
Laissa la porte & se mist sous la robe
De Francion, puis décochant deux traits,
L'vn plein d'amour, de graces & d'atraits,
Qui doucement gagne la fantasie,
Et l'autre plein d'ardante ialousie
Tirez des yeux de Francus leur lança,
Et leur raison ensemble renuersa,
Troublant le sang, & remplissant les veines,
Foye & poumons de soupirs & de peines,
Puis en riant & sautelant, de là
Ce faux garson dans le ciel s'enuola.

 Dessous le cueur de ces deux damoiselles
Fumoit la plaie à mornes étincelles,
Les consommant & fondant peu à peu
Comme vne cire à la chaleur du feu:
De toute chose ont perdu souuenance,
Perdu scauoir, parole & contenance,
Et leur esprit de merueille eblouï
Bien loin du corps estoit éuanouï.
De ces deux seurs l'vne auoit nom Hyante,
L'autre Clymene; Hyante estoit scauante

En l'art Magic, mais Amour le plus fort
Qui n'a souci de charmes ni de sort,
De toutes deux auoit l'ame eschauffée
Qui ia pendoit au haut de son trofée:
Elles bruloyent à petit feu couuert
Comme vne estoupe, ou comme vn rameau verd
Qu'vne artizane au point du iour allume:
Tout en vn coup il entre brule & fume
D'vn feu caché qui luit obscurement.
Ainsi Amour coulé secretement
Dedans le cueur de ces Dames blessées
Les étouffoit de secrettes pensées:
Tantost leur ioue en sautant rougissoit,
Palle tantost, & tantost blanchissoit,
Tantost tramblant de taches estoit pleine
Miroir certain qui tesmoignoit leur peine.

 Atant Francus entra dans le chasteau,
Son iauelot posa contre vn rateau
Où meinte pique en son long estendue
Contre le mur au croc estoit pendue.
En ce chasteau par bande fremissoyent
Pronts seruiteurs, dont les vns tapissoyent
D'ouurages d'or les superbes murailles,
Longs argumens d'anciennes batailles,
Autres de ranc sur la place aportoient
Tapis ouurez, les autres aprétoient
Les lits enflez de couuertes velües,
Autres dressoient les viandes éleuës,

Autres

LA FRANCIADE.

Autres chargeoient les hauts buffets dorez
De grands vaisseaux d'histoires decorez.
Sur vne eguiere en assez longue trace
Des Corybans estoit peinte la race,
Comme Briare en amour furieux
Desesperé de sa nymphe aux beaux yeux
Alloit tout seul par mont & par bocage
Iettant vn cry comme un lion sauuage
De nuit de iour errant par les buissons,
Changeoit son corps en cent mille façons,
Tant en amour forcenoit sa folie
Pour se saisir de sa Cymopolie :
Mais à la fin se changeant en serpent,
A dos rompu sur le ventre rampant,
La tint serrée, & l'aiant embrassée
D'elle conceut les aieux de Dicæe.
Sur vn bassin Saturne estoit graué
En cheueux blancs, de vieillesse agraué,
A la grand faux qui auoit la machoire
Du sang des siens toute relante & noire :
Sa femme Rhée à l'autre bord estoit
Qui pour son fils vn caillou presentoit
A ce vieillard, les appas de son ventre :
Dessous ses pieds se herissoit vn antre
Où Iupiter viuoit emmailloté
Du laict diuin de la cheure alaitté.
Autour du bers les anciennes races
Des Corybans bien armez de cuiraces,

L

Targes, boucliers, se choquans d'vn grand son
Rendoyent sans bruit la voix de l'enfançon,
Craignant Saturne affamé de nature
Qui ses enfans deuoroit pour pasture.
  Quãd tout fut prest, ce Prince pour mieux voir
Son estranger, courtois le fit assoir
A vis de luy, tout aupres de ses filles
Aux yeux armez d'amoureuses scintilles,
Puis selon l'ordre & l'age & les honneurs
Qui haut qui bas s'afsirent les seigneurs.
D'vn cueur ioieux ceste gaillarde bande
Mit promptement les mains à la viande,
Et festoiant le Troyen estranger
Le conuioyent doucement à manger:
L'vn est pensif, l'vn parle, & l'autre coupe
Maint eschanson emplissant mainte coupe,
De vin fumeux, les tables entournoit,
Et iusqu'aux bords les tasses couronnoit.
Incontinent que la soif fut ostée,
Et de la faim la fureur surmontée,
Aiant le Roy pour office diuin
A Iupiter versé le dernier vin
A plein hanap, inuoquant sa puissance:
Toute debout se leua l'afsistance
Loin de la table, enuieuse d'aller
Apres souper deuiser & baller.
Vn bruit se fait: la gaillarde ieunesse
Prenant chacun la main de sa maistresse,

LA FRANCIADE. 42

S'offre à danſer: maint flambeau qui reluit.
Du planchier d'or veinct l'ombre de la nuict.
Le vieil Terpin qui de fleurs ſe couronne
Son dos appuye au flanc d'vne colonne
La lyre au poin, & ioignant à la voix
Les nerfs frapez par l'accord de ſes doits
D'vn plaiſant ſon les inuite à la danſe:
Le pied certain rencontre la cadance!
  Dieu (diſoit-il) qui tiens l'arc en la main,
Fils de Venus, hoſte du ſang humain,
Qui dans noz cueurs tes roiaumes, habites,
Qui cà qui là de tes ailes petites,
Voles par tout iuſqu'au fons de la mer,
Faiſant d'amour les dauphins allumer,
Dont l'aſpre trait á feru la poitrine
Des Dieux là haut, là bas la Proſerpine,
Pere germeux, genial, & qui fais
Comme il te plait les guerres & la paix,
Dæmon & Dieu nourricier de ce monde,
Qui du chaos la cauerne profonde
Ouuris premier, & paroiſſant armé
De traits de feu, Phanete fus nommé:
Double, iumeau, emplumé de viteſſe,
Porte-brandon, archer que la ieuneſſe
Au ſang gaillard courtize pour ſon Roy.
O grand Dæmon, grand maiſtre, écoute moy,
Soit que tu ſois au milieu de la bande
Des plus grands Dieux où ta fléche commande,

L ij

Soit qu'il te plaise habiter ton Paphos,
Soit que ton chef tu laues dans les flots
De la fontaine Erycine, ou que vuide
De tout souci, de tes vergiers de Gnide
Entre les fleurs habites la verdeur,
Vien allumer noz cueurs de ton ardeur,
De ceste dance échauffe le courage :
Sans toy n'est rien la pointe de nostre age,
Faueur, honneur, abondance de bien,
Force de corps sans ta grace n'est rien,
Ni la beauté : & mesmes nostre vie
Est vne mort si de toy n'est suiuie,
Ensemble Dieu profitable & nuisant.
Vien t'en icy comme vn astre luisant
Donner lumiere à si belle entreprise,
Et ceste feste heureuse fauorise.
Ainsi chantoit Terpin le bon vieillard :
Les balladins haussans le cry gaillard
Les derniers vers du chantre recouperent,
Et de leurs voix les soliueaux fraperent.
 Seul à l'écart apuyé contre vn coin,
Veuf de plaisir, plein d'angoisse & de soin,
A sourci bas, à poitrine poussée
De longs sanglots, estoit le bon Dicæe
Vn fleuue espais de ses yeux s'ecoula :
Francus l'auise, & ainsi luy parla.
 C'est à moy Prince, à pleurer & à traire
Tant de sanglots, à qui tout est contraire,

A qui la mer, l'air, la terre, & les cieux
Sont obstinez ennemis enuieux,
Qui m'ont trompé dessous belle apparance:
,, Il n'est rien pire aux mortels qu'esperance.
Mais toy seigneur si sage & si prudent,
En biens, citez, & peuples abondant,
Riche d'honneur & de terre fertille,
Riche de femme, & de belle famille,
Ne deurois estre en ce point langoureux,
Ains les soupirs laisser aux malheureux.
 Dicé respond, Las! si ie n'estois pere
Hoste Troyen, ie serois sans misere,
Vn mien seul fils a causé mon tourment,
Et s'il te plait, ie te diray comment.
Dedans ceste isle habite de fortune
Vn fier Tyran, la race de Neptune,
Horrible & grand, mais homme en cruauté
Tant soit cruel ne la point surmonté :
Il fait meurdrir tous ceux qu'il prend en guerre,
Ceux que la mer iette contre sa terre,
Dessus l'autel de son pere, & de sang
Honnit le temple : il attache de rang,
Piteux regard! sur la porte les testes
Des assommez, miserables conquestes:
Le fer ne peut endommager sa peau,
Il rebondit comme fait vn marteau
Dessus l'enclume: en vne seule veine
Pres le talon est sa parque & sa peine.

L iij

Mille estoient morts par sa cruelle main,
Quand moy touché d'vn naturel humain
Luy fis sçauoir que les bestes sauuages,
Tigres, lions enuenimez de rages,
Qui sans raison viuent parmi les bois
Gros animaux sans pitié ni sans lois,
S'entre-tuoient, & mangeoient leur semblable,
Mais l'homme né d'vn esprit raisonnable,
Enfant du ciel, ne doit faire mourir
L'homme son frere, ainçois le secourir.
Ce grand Gean oyant ceste nouuelle
Enfla son fiel de colere cruelle,
Et bouillonnant, écumant, & grondant,
Sans m'aduertir de son courroux ardant,
Vinst au matin au pied de ma muraille
Me deffier en plain camp de bataille :
En telle peur soudain armer ie fis
Mon ieune Orée, (ainsi a nom mon fils)
L'acompagnant de bien peu de gendarmes
Mieux equipez de courage que d'armes.
Ce iouuenceau à qui le blond coton
En se frizant sort encor du menton,
Fort & hardy fit auancer sa trope
Et le premier assaillit le Cyclope
Le grand Phouére (helas! on nomme ainsi
Ce fier Tyran aux playes endurci)
Mais pour neant ce ieune enfant s'efforce :
Car du Gean l'inuiolable force

Le prit captif au beau milieu des siens,
Puis en serrant de vergongneux liens
Sa troupe & luy, d'vn baston les emmeine
Comme vn pasteur ses moutons en la pleine.
Depuis le temps ce malheureux cruel
De iour en iour a tué sur l'autel
L'vn des captifs pour offrande funeste,
Ils sont tous morts: ha ie meurs? & ne reste
Sinon mon fils, qui sentira demain
La pesanteur de sa cruelle main.
Ainsi disoit versant sous sa paupiere
De tiedes pleurs vne large riuiere,
A gros sanglots entre-rompant sa voix:
  Lors que Francus le tige de noz Rois
Meu de pitié le console & le flate,
Et luy respond: I'aurois vne ame ingrate,
Né d'vn rocher, & d'vn tigre conceu,
Si mesurant le bien que i'ay receu
De toy Seigneur, à ma douleur extréme,
Pour te sauuer ie ne t'offrois moy-mesme,
Mon sang, ma vie, & ce glaiue tranchant
Assez pointu pour punir vn méchant:
Fay moy sans plus aprester sur la place
Armes, cheuaux: ains que demain se passe
Il connoistra qu'vn pere valeureux
A son mal'heur m'engendra vigoureux,
Pour ne souffrir regner vne malice
Sans que mon bras vangeur ne la punisse.

A tant Francus à son parler mit fin,
Puis l'eschançon aiant versé du vin
A longs filets à l'honneur de Mercure,
Estant la nuit & profonde & obscure,
Ia les Trions commençans à pencher
Chacuñ se leue, & s'en alla coucher.
 Incontinent que l'Aube iour-apporte
Du grand Olympe eut débarré la porte,
Et le Soleil par les heures pressé
Eut son baudrier en biaiz retroussé
Traçant du ciel la voye coustumiere,
Au chef coifé d'éclatante lumiere,
Ce fier Tyran à la muraille alla:
Vn cheualier au combat apella
La lance au poin, le morrion en teste,
Qui bien cresté brilloit comme tempeste
Que Iupiter élance au mois d'esté
Sur le sommet d'vne iniuste cité.
Pour son destrier pressoit la forte eschine
D'vne cauale: elle auoit la poitrine
Blanche & le front, le reste de la peau
Hors le pied gauche, estoit de poil moreau.
D'vn fort harnois cest horrible aduersaire
Estoit vestu, sans qu'il en eust affaire,
Car il portoit le fer tant seulement
Non pour s'armer, mais bien pour ornement,
Et pour ietter vne horreur en la face
Du cheualier qui viendroit sur la place.

Il se moquoit en fronçant le sourci
Du bon Dicæ, & luy disoit ainsi.
   Pour champion ta sotise m'apreste
Vieil radoté, la Phrygienne teste
D'vn iouuenceau qui sçauroit mieux ramer
Comme vn forsat, qu'aux batailles s'armer.
Pour le loier d'vne telle entreprise
Tu as ta fille à ce Troyen promise,
Pauure chetif : ce fer dont il mourra,
Pour son doüaire vn tombeau luy donra.
Encor dit-on que ce banni se vante
Que le destin les Gaules luy presente,
Voire & qu'il erre où le ciel le conduit :
Le pauure sot des oracles seduit,
Qui ne sçait pas que sus les choses nées
Ne peuuent rien les vaines destinées !
Crete est sa Gaule, & mes braues fureurs
Seront le but de ses longues erreurs.
En moy ne soit la mort renouuellée
De mon ayeul le superbe Talée,
Qu'vne Medée en sauuant des dangers
Ie ne sçay quels pyrates estrangers,
Ensorcela d'vn magique murmure.
Ce n'est pas moy qui des charmes a cure,
Ne qui me laisse aux paroles piper,
Le fer tranchant ne me sçauroit couper,
Ni Iupiter tuer de son tonnerre,
S'il regne au ciel ie regne en ceste terre.

M

De tels propos comme il s'alloit brauant,
A larges pas Francus vint au deuant:
Ie suis celuy que ton orgueil méprise
Ieune Troyen auteur de l'entreprise,
Qui te veux faire auant le soir sentir
A ton malheur que peut vn repentir.
Aproche donc, vien essayer la dextre
De ce Troyen destiné pour ton maistre:
Quoy que tu sois au combat dangereux
Si seras tu Phouére, bien-heureux
D'aller victime à l'onde Acherontide
Tüé des mains d'vn si ieune Hectoride.

Il dit ainsi: Le cruel d'autrepart
Le mesuroit d'vn terrible regard,
Le dedaignant, comme fait en sa voye
Vn grand lion vne petite proye,
Ne le voyant de corps massif ni fort,
De fier visage, ou d'effroyable port,
De front seuere, aux ioustes bien à craindre,
Ains d'vn poil blond qui comméçoit à poindre,
De gresle taille, & d'œil serain & beau,
Fresche la main, & bien fresche la peau,
Et d'vn regard qui les graces surmonte:
Il eut le front tout allumé de honte,
Retint la bride, & le tançoit ainsi.

Ieune garçon, on ne combat ici
Pour remporter à sa mere la gloire
D'vn verd laurier: le prix de la victoire

LA FRANCIADE.

N'eſt vn cheual aux armes bien apris,
Le ſang vaincu du vainqueur eſt le prix
Et la ceruelle à mes pieds épandue,
Les os ſemez, & la teſte pendue
Pour vn trophée au haut de mon portail
Qui ſ'embellit de ſang en lieu d'eſmail.
Si de mourir tu conçois vne enuie
Comme ennuyé des malheurs de ta vie
,, Tu es trompé, le mal fuit de la main,
,, Ce qui nous nuit nous ſert le lendemain:
Mais ſ'il te plaiſt d'vne braue eſcriture
Et d'vn beau titre orner ta ſepulture
Vien au combat, trop d'honneur tu auras
Quand de main telle occis te vanteras.

  Tandis Francus qui le combat deſire,
Songneux, dés l'aube auoit de ſa nauire
Ia fait venir le harnois que portoit
Troïle à Troye, alors qu'il combatoit
Contre les Grecs, imitant la vaillance
Du bon Hector, & non pas la puiſſance
Que pour preſent Helenin luy donna
Le iour qu'au vent ſa voile abandonna,
Et le pria de garder telle armeure,
Contre la mort aſſeurance treſſeure.
Quand le Troyen au combat animé
De teſte en pied fut richement armé
Le bon Dicæe en ſecret le conſeille,
Et loin à part luy ſ'acoute en l'oreille.

Si de fortune hoste Troyen, les cieux
De ce meschant te font victorieux,
Et qu'à tes pieds tu l'abates à terre,
Tranche luy tost la veine qui luy serre
Le mol talon: de telle place sort
Non d'autre lieu, la source de sa mort.
Tandis là haut Iupiter qui ordonne
Les faicts humains la victoire te donne,
Ia dans le ciel est fillé par Clothon
Qui de vous deux doit aller chez Pluton.
 Ces Champions enflammez de colere,
Ici Francus, de l'autre part Phouére,
D'armes, de force & de courage grans,
Donnans l'esprit aux cheuaux par les flács,
D'vn masle cœur l'vn sur l'autre coucheret,
Et leurs pauois rudement embrocherent.
Du coup donné le riuage trembla,
Le mont fremit, le fleuue se troubla:
En mille esclas les pointes acerées
Furent toucher les voutes etherées.
Dedans les mains leur restoit le tronçon,
Qu'eux bien fermez & roides en l'arçon
De recourir encores s'auiserent,
Et leurs escus par le milieu briserent:
A iour ouuert la targe se cassa,
Comme vn glaçon le tronçon se froissa,
Et d'vn tel heurt leurs échines courberent
Que les destriers sur la croupe tomberent,

Tant d'vn grand coup ils s'allerent choquant :
Puis iusqu'au sang leurs cheuaux repiquant,
Hauſſant la bride, en fin les releuerent,
Et de la main leurs coutelas trouuerent
Bien aiguiſez, qui de larçon pendoient
Et de leur trempe vn harnois pourfendoient.
Deſſous le fer ſiflant comme tempeſte
Ores leur ioüe ores ſonnoit leur teſte,
Si que frapant & ſe heurtant de pres
Verſoient des coups plus que la neige eſpais,
Qui ne tomboient ſoit de pointe ou de taille,
Sans donner ample ouuerture à la maille,
La dénoüant, rompant & decrochant :
Acier ne fer à leur glaiue tranchant
Ne peut durer, ni boucle ni couraye,
Tant de leur main eſt horrible la playe.
Du bon Troyen le cheual fut adroit,
Qui ſans fraieur tournoit en tout endroit :
Et la cauale en crainte eſtoit frapée
Oyant l'horreur du ſiflant de l'eſpée.
L'vn reſembloit à ce flot courroucé
D'écume blanche & de vent heriſſé,
Qui d'vn grand branle en menaſſant ſe vire
Impetueux ſur le bord du nauire.
L'autre ſembloit au bon Pilote expert
Qui plus d'eſprit que de force ſe ſert,
Ores la proüe, ores la poupe il tourne,
Et vigilant en vn lieu ne ſeiourne,

M iij

Ains adioustant l'experience à l'art
D'vn œil prudent éuite le hazart
  Ce fier Tyran enorgueilli d'audace
Qui de Francus l'asseurance menace,
D'vn pesant choq contre luy s'aprocha,
Et de son brand l'espaule luy toucha,
L'esgratignant de legere blesseure:
Et n'eust esté la trempe de l'armeure,
Qui de l'acier la force rebouchoit,
Bien loin du col l'espaule luy tranchoit:
Du mesme coup en releuant la dextre
Bien haute en l'air tant qu'elle pouuoit estre,
Se roidissant sur les estriers frapa
Le fin armet du Troyen qu'il coupa
Deux doits auant, & l'étonna de sorte
Que le tomber d'vne enclume bien forte
Seroit legier au pris de ce coup là,
Qui des arçons chancelé l'ébranla:
Car il fut tel, que la grand' coutelace
Frapant l'armet alla dessus la place
En maint éclat de flammes allumé,
Laissant le poin du Tyran desarmé.
Francus troublé de pamaison extréme
Perdit la force en se perdant soimesme,
Perdit raison, contenance & couleur,
Grinçant les dents de rage & de douleur:
Dedans le tais luy tourne la ceruelle,
Deuant ses yeux erre mainte chandelle,

Meint tintouïn aux oreilles luy bruit,
Son chef balance affublé d'vne nuit,
Et ce pendant son cheual le promeine
Comme il luy plait au trauers de la plaine.
Sans respirer, sans sentir & sans voix,
D'ouuertes mains fit signe par trois fois
D'aller à terre, & si l'aspre tempeste
De ce meurdrier eust suiui sa conqueste
Iamais Francus aux Gaules n'eut pris bord:
Mais l'ennemy l'estimoit comme mort.
Vne palleur qui s'enfante de crainte,
Des regardans auoit la face peinte,
Et le sang froid qui au cueur s'assembla
Fit que Dicæe en soupirant trembla.
Mais tout ainsi qu'on voit deux colombelles
Fremir de peur sous les griffes cruelles
De l'esperuier, qui nagueres auoient
Laissé leur nid, & legeres deuoient
S'en retourner au colombier pour paistre
Leurs chers enfans qui ne font que de naistre:
Ainsi trembloit en l'estomac de peur
Le cueur transsi de l'vne & l'autre seur,
Qu'amour ardoit d'vne viue flammeche,
Et dans leur sang auoit mouillé sa fleche.

 Tandis Francus en armes eut loisir
De se refaire, & la place choisir
Pour se vanger, où le fer le plus rare
Entre-ferroit la gorge du Barbare.

Trois quatre fois son cheual repiqua,
Et d'vn grand heurt son ennemy choqua,
Bandé de nerfs, de muscles & de veines:
Puis en serrant fortement à mains pleines
Son coutelas, la pointe en retourna,
Et du pommeau coup sur coup luy donna
Contre la gorge, où la boucle ferrée
Du gorgerin lachément fut serrée,
Et mi-pasmé sur l'arçon l'abatit:
Auec le sang l'écume luy sortit
Loin de la gueule à gros flots ondoiante:
Francus le prend, le presse & le tormente,
Et tellement le courage luy vient
Que d'vne main & de l'autre le tient,
Pousse & repousse, & d'vn tel neud le serre
Que des arçons tous deux tombent à terre
Entre-accrochez, tant la fureur les suit,
Desur le dos leurs harnois font vn bruit!
 Mais aussi tost que la terre presserent
Plus que deuant au combat s'élancerent
Comme lions de puissance indontez,
Le fer tranchant sacquent de leurs costez,
Qui se cachoit d'vne alumelle fine
Du long la cuisse en leur gaine iuoirine.
Entre l'ardeur, la haine, & les efforts
Vne fureur leur rechauffa le corps,
Ici la rage, ici la chaude honte
Des deux guerriers le courage surmonte,

Perd

Perd la raison, si bien qu'à toutes mains,
A vuides coups, à coups fermes & plains,
De pointe taille & de trauers ruerent,
Et leurs harnois en cent lieux declouërent,
Si que le camp estoit par tout semé
Du fer tombé de leurs corps desarmé.
Mais à la fin tous deux prennent aleine
Demi-matez de sueur & de peine :
Puis tout soudain comme deux toreaux font
Rentrent de piez & de bras & de front
L'vn contre l'autre : vne horreur, vne rage,
Vn fier despit flamboye en leur visage :
Tantost petis, tantost ils se font grands,
Tantost courbez, tantost à demi flancs,
Dessus la iambe ores gauche ore dextre
Contre-auisoient où le coup pouuoit estre
Mieux assené, mais point ne se trompoient,
Car tout d'vn coup ils paroient & frapoient,
Chacun grauant au but de sa memoire
Le chaut desir de gaigner la victoire.
Francus voyant que le iour luy failloit
Et que sa main pour neant trauailloit,
Ainsi qu'vne aigle en roideur qui se laisse
Caler à bas ouurant la nuë espaisse
Dessus vn cigne arresté sur le bord :
Ainsi doublant effort dessus effort,
Sur le grand corps s'eslance de rudesse,
Adioustant l'art auecques la prouësse,

N

Sous luy se rue, & de pres l'attacha,
La gauche main à son col accrocha,
Et de la dextre encontrebas le tire:
Il le tourmente, il le tourne, il le vire,
Le choque, heurte, & d'vn bras bien tendu
Le tient en l'air longuement suspendu:
Puis du genou les iambes luy trauerse,
Et le fit cheoir tout plat à la renuerse.
Phoüere imprime en tombant de son long
La poudre mole: ainsi tombe le tronc
D'vn grand sapin bronché d'vne montagne
Qui de son corps imprime la campagne.
De bras, de teste & d'ongles bien crochus
Cent fois essaie à se remettre sus,
Se debatant, mais en vain il s'efforce,
Car du Troyen la vigoreuse force
Tient le genou, comme victorieux
Sur l'estomac, le poignard sur les yeux:
Trois quatre fois de toute sa puissance
L'auoit frapé, quand il eut souuenance
Que le trespas de ce cruel felon
Estoit enclos aux veines du talon,
Pource il se tourne, & promptement assene
L'endroit certain où tressailloit la vene,
Du fer poignant coup sur coup la chercha,
Et veine & vie ensemble luy trancha.
Le sang qui sort d'vne rouge secousse
Bien loin du corps rendit la terre rousse

A longs filets: ainsi que d'vn conduit
S'eschape l'eau qui iaillissant se suit,
Et d'vne longue & saillante rousée
Baigne la place à l'entour arrosée :
Ainsi le sang bouillonnant s'en alla,
Auec le chaud son ame s'en vola
D'horreur, d'angoisse, & de rage suiuie
De perdre ainsi la ieunesse & la vie.
Ce corps tout froid & affreux se roidit,
Comme vn glaçon l'estomac luy froidit,
Et de ses yeux l'vne & l'autre prunelle
Ferma son iour d'vne nuit éternelle,
N'estant plus rien d'vn tel Tyran, sinon
Vn corps boufi diffamé de renon.

 A tant Dicé d'vne face ioieuse
Vint saluër la main victorieuse,
Baisa Francus, le couronna de fleurs :
Tu as (disoit) effacé mes douleurs
Vray heritier de la gloire Hectorée,
Tuant Phouére & sauuant mon Orée :
Le bon Demon qui de nous a souci
Pour mon support t'a bien conduit ici,
Noble Troyen de prouësse l'exemple,
En corps mortel digne d'auoir vn temple,
Et comme Hercule adoré des humains,
Tant a d'honneur la force de tes mains.

       N ij

LE II. LIVRE DE

Comme il chantoit cest hymne de victoire
Voici la nuit à la courtine noire
Qui vint aux yeux le sommeil épancher,
Le souper fait chacun s'alla coucher.

FIN DV SECOND LIVRE
DE LA FRANCIADE.

LE TROISIEME LIVRE
DE LA FRANCIADE.

'Obscure nuit qui d'vn sommeil enserre
Les Dieux au ciel, les hommes en la terre,
Laissant couler froidement sur les yeux
Vne eau puisée au fleuue stygieux,
L'vne sur l'autre attachoit les paupieres,
Charme trompeur des peines iournalieres.
Mais le dormir qui tient les yeux sillez
Glissant n'auoit ses presens escoulez
Dessus le chef des deux sœurs esueillées,
De trop de soin amoureux trauaillées:
Adonc Hyante à sa sœur parle ainsi.
  Mais d'où me vient? chere sœur, mon souci
Que ma raison a perdu sa puissance?
Que mon penser d'vn autre prend naissance

Que ie m'esgare, & qu'vn nouuel esmoy
Me rauit toute & m'enuole de moy?
Ie ne tiens plus de mon cueur que l'escorce,
Dedans s'y loge vne puissante force
Que ie ne puis ni penser ni nommer,
Si ce n'estoit le mal qu'on dit aimer.
Ie voudrois bien l'occasion comprendre
De mon trauail, mais ie ne puis l'aprendre:
Bref ie n'ay peu ni boire ni manger
Depuis le iour que i'ay veu l'estranger
Touiours pendue en sa blonde ieunesse
D'œil ou d'esprit: maugré moy ie confesse
N'auoir iamais senti telle douleur
Qui me fait perdre & sommeil & couleur.
Depuis vn iour ie suis toute esperduë
Me consommant comme neige fonduë,
Ah ie me meurs! mon mal pourtant me plaist,
Et ne puis dire en quelle part il est:
Sans s'arrester mon esprit est volage:
De ce Troyen touiours le beau visage,
L'honneur, la grace en l'ame me reuient:
Touiours touiours & touiours me souuient
De son combat, & de sa main guerriere
Qui l'acompagne en sa barbe premiere.
Pere des Dieux quelle aimable vertu!
Quel port il a! comme il s'est combatu
Pour le secours de nostre frere Orée!
Il est vrayment de la race Hectorée!

Sa main, sa force & son cueur genereux
Monstrent assez qu'il est du sang des Preux.
Si i'estois libre & si i'auois puissance
De viure à moy, ie ferois alliance
Par mariage à ce ieune Troyen.
Plustost le feu du grand Saturnien
Tombé menu sur mon chef me foudroye,
Plustost la terre en se creuant m'enuoye
Sous les enfers ma demeure choisir
Que mon honneur soit trompé d'vn plaisir,
Et que peu sage ainsi ie me marie
Sans le congé de ceux qui m'ont nourrie.
 A tant se teut: Le cueur luy est failli,
Comme ruisseaux les larmes ont sailli
De ses beaux yeux, presages de sa peine,
Quand d'autre part luy respondit Clymene,
Qui moins n'ardoit de segrette langueur
Pour le Troyen qui luy bruloit le cueur.
Mais plus que l'autre elle estoit auisée,
Qui ne vouloit vne amour diuisée,
Ains vouloit seule en toute affection
Dame, iouïr du cueur de Francion:
Pource en mentant par vn grand artifice
Luy conseilla, qu'aimer estoit grand vice:
Ainsi son mal par fraude elle cacha,
Et l'inconstance à sa sœur reprocha.
 Où sont, ma sœur, ces responces hautaines
Que tu rendois à tant de Capitaines,

Princes & Rois? que pour ses gouuerneurs
Crete nourrit en pompes & honneurs?
Qui trauaillez d'vne amoureuse flame
Tous à l'enuy te courtizoient pour femme?
Quoy? seulement d'vn courage endurci
Ne dédaignois ces maris, mais aussi
Tu mesprisois les hommes dont l'audace
Est trop cruelle encontre nostre race.
Quoy? disois-tu? comme vn superbe Roy
L'homme contraint les femmes à sa loy,
Non seulement les estime inutiles
A gouuerner les sceptres & les villes,
Mais loin d'honneurs & loin de commander
Les fait ourdir, les laines escarder,
Coudre, filer, & de paroles braues
En son foyer les tance comme esclaues.
Qu'heureuse fut Lemnos au temps passé!
Où le pouuoir des hommes fut cassé
Par la finesse & proüesse des femmes,
Si que les noms des hommes estoyent blames.
A labourer les terres ils seruoyent
Sans autre charge, & les Dames auoyent
Le magistrat, & seules la police
Administroyent l'estat & la iustice.
Où sont ces mots? où est ce cueur si haut?
A ton besoin le courage te faut,
Qui maintenant à la premiere veuë
D'vn estranger as l'ame toute esmeuë,

Et

Et veux ton nom sans raison diffamer
Pour vn pirate, vn corsaire de mer
Qui va cherchant par les ondes sa proye
Sous faux semblant de refaire vne Troye:
Et par amour espiant la saison
De desbaucher les filles de maison,
Au premier vent loin d'amis les emmene
Pour les laisser sur quelque froide arene:
Car estant soul de son premier plaisir,
Et ne voulant que changer & choisir
Les abandonne, & sans tenir promesse
Marche fuitif où l'orage le presse.
De tel malheur l'exemple encore vit
En ce païs, d'Ariadne qui suiuit
Maugré Minos, le pariure Thesée,
Tant elle fut à prendre bien aizée.
Mais aussi tost ce pirate méchant
De son serment & d'elle se fachant,
La quitta seule au matin endormie
Apast des loups au riuage de Die.
Pource ma sœur, d'vn cueur gaillard & pront
L'honneste honte attache sur le front,
Et sans toy laisse errer à l'auenture
Des estrangers la teste si pariure.
Ainsi disoit dissimulant, afin
De la tromper : mais amour le plus fin
Qui ne se trompe, & qui passoit en elle
De nerfs en nerfs, de mouëlle en mouëlle

O

La faisoit caute en son mal nompareil,
Qui ne vouloit ni raison ni conseil.
　A tant du iour la lumiere sacrée
Dedans la chambre estoit par tout entrée,
Quand ces deux sœurs, ainçois ces beaux printéps
Sortent du lict: ils demeurent long-temps
A leur peigner, atiffer, & à faire
Par le mirouër vn visage pour plaire:
En cent façons ils tordent leurs cheueux
Ondez, crespez, entrefrizez de neuds,
Et d'vn long art mille beautez s'attachent:
Puis tout le chef d'vn guimple elles se cachent,
Qui bien plié iusqu'aux pieds leur pendoit,
Et dedans l'air cent parfuns respandoit.
Ces deux beautez en ce point habillées
D'vn pied superbe au temple sont allées
Comme à l'oracle, afin de sçauoir mieux
Pres des autels la volonté des Dieux:
Ou s'ils vouloient d'vne main fauorable
Guarir leur playe aux hommes incurable,
Ou s'ils vouloyent mespriser sans secours
Leurs passions diuerses en amours,
Et sans espoir entretenir leurs flames.
De toutes pars vne suite de Dames
Les entournoit: elles marchoient d'vn train
Tout tel que fait Diane au large sein,
A qui la trousse & le bel arc ensemble
Chargent l'espaule: autour d'elle s'assemble

Vn grand monceau de Nymphes, qui en rond
Tournent le bal. Elle de tout le front,
Haute de col, aparoiſt ſur la troupe
Qui va dançant deſſus la belle croupe
Du mont Taigette, ou ſur l'eſmail d'vn pré
Du fleuue Eurote à ſon frere ſacré.
 Or' ces deux ſœurs malades & peu ſages
Dedans le temple, au deuant des images
Des puiſſans Dieux triſtes ſe pourmenoient:
Ores les yeux fichez elles tenoient
Sur la victime, & courbes & beantes
Prenoient conſeil des entrailles tramblantes,
Or' les geſiers decoupez regardoient,
Et l'aduenir aux Deuins demandoient.
Ha pauures ſœurs mal ſaines de penſées!
Ni pleurs ni vœux, ni offrandes laiſſées,
Ni tournoyer des autels à l'entour
Ne garit pas l'vlcere de l'amour.
La belle Hyante auoit en ſa main blanche
Vn grand hanap de vin qu'elle reſpanche
Au beau milieu des cornes & du front
De la victime, & Clymene qui tond
Le poil ſacré de la beſte, le iette
Dedans le feu: comme ce poil craquette
Ce diſoit elle, & brule tout en ſoy,
Ainſi Francus puiſſe bruler de moy.
Mais pourneant ces deux ſœurs abuſées
Prioient au temple en leurs vœufs amuſées:
                                            O ij

Les Dieux malins leurs oreilles fermoient,
Et par les vents leurs prieres femoient.
Amour tandis qui les paist de mensonge,
Lime ces sœurs, les relime & les ronge,
Tourne, tourmente & n'ont autre pouuoir
En leur malheur qu'esperer sans espoir.

 Adonc Françus que le souci reueille
S'estoit leué deuant l'Aube vermeille:
De la grand' peau d'vn ours il s'habilla,
Vn iauelot en sa dextre esbranla
Au large fer: Vandois d'où vint la race
Des Vandomois, le suiuoit à la trace.
Luy qui se laisse en larmes consommer
S'alla planter sur le bord de la mer:
Iettant ses yeux sur les eaux Tethiennes
Seul regardoit si les barques Troyennes
Venoient à bord: & voyant le vaisseau
Qui le portoit *échoüé dessous l'eau
Demy couuert de falaize & de bourbe:
Les yeux au ciel sur le riuage courbe
Poussant du cueur meints sanglots en auãt
Parloit ainsi aux ondes & au vent.

*mot de marinier.

 Heureux trois fois ceux que la mere terre
Loin de la vie en long repos enserre:
Si comme nous ne voyent le Soleil,
Ne hument l'air, ils n'ont aussi pareil
A nous le soin, qui bien sur bien desire,
Et bien sur bien ne luy sçauroit suffire.

Ce vain defir qui compagnon me fuit
Me fait chercher la Gaule qui me fuit,
Terre eftrangere, & qui ne veut m'attédre,
Que du feul nom i'ay prife, fans la prendre.
Ie fuis (ie croy) la maudiffon des cieux,
Qui fans demeure erre de lieux en lieux,
De flot en flot, de naufrage en naufrage,
Ayant le vent & la mer en partage
Comme vn plongeon, qui en toute faifon
A feulement les vagues pour maifon,
Des flots falez il prend fa nourriture,
Puis vn fablon luy fert de fepulture.
Donne Apollon maiftreffe Deité
De ceux qui vont baftir vne cité
Quelque bon figne, afin que tu m'ottroyes
Des murs certains apres fi longues voyes.
Si ie ne puis les Gaules conquerir,
Sans plus errer puiffe-ie icy mourir
Brulé des traits d'vne horrible tempefte:
Aux Dieux marins victime foit ma tefte
Pour facrifice agreable à la mort
D'vn peu de fable entombé fur ce bord.
 Il dift ainfi, quand hors des flots humides
Sortit le chef des cinquante Phorcydes,
Et tout le chœur de Glauque & Melicert,
Et Palæmon à l'habillement verd,
Le vieil Triton à la perruque bleuë
Homme d'enhaut, & poiffon par la queuë,

O iij

Tenant és mains pour sceptres leurs tridens
Poussent la nef de Francus au dedans
Du prochain port: la nauire poussée
Ayant la prouë & la poupe froissée
Rouloit à peine: ainsi que le serpent
Qui sur le ventre à peine va rampant
Par le chemin, quand d'vn coup de housine
Quelcun luy rompt l'entre-deux de l'eschine,
Plis dessus plis en cent ondes retors
Retraine, tire, & retourne son corps,
Il sifle aigu, son venin il remache,
Et renouër ensemble se retâche:
Mais pour neant: car son dos est perclus.
Ainsi trainoit le bateau de Francus.

 Hors du troupeau bien loin s'est escartée
Leucothoé la fille de Protée,
A qui Phœbus pour la fauoriser
Donna iadis l'art de prophetiser:
Ses longs cheueux erroient sur la marine,
Elle haussoit à fleur d'eau la poitrine
En s'aprochant, & d'vn front adouci
Francus apelle, & le console ainsi.
Enfant Roial, qui dois donner naissance
A tant de Rois, la seule patience
,, Rompt la fortune, & mal ne peut s'offrir
,, Qui ne soit doux quand on le veut souffrir.
,, Sois courageux: toute rude aduenture
,, Par trait de temps est douce s'on l'endure:

LA FRANCIADE.

Pour endurer Hercule se fit Dieu.
Tu planteras ta muraille au milieu
Des bras de Seine, où la Gaule fertille
Te doit donner vne isle pour ta ville,
Gaule abondante en peuples redoutez,
Peuples guerriers, aux armes indontez,
Que telle terre & plantureuse & belle
Riche nourrit d'vne grasse mammelle.
Or puis qu'Amour te veut fauoriser
Son beau secours tu ne dois mespriser,
Va courtizer la iouuencelle Hyante
Fille du Roy, qu'Hecate la puissante
A fait prestresse en son temple sacré.
Amour qui fait toute chose à son gré
La maistrisant luy recele au courage
Vn poignant trait tiré de son visage.
Par sa magie elle peut attirer
La Lune en bas, le ciel faire virer
A reculons, & des fleuues les courses
Encontre-mont rebrousser à leurs sources:
D'vn clair midy elle fait vne nuit,
Dessous ses pieds la terre fait vn bruit
Quand il luy plaist, & son charme commande
A Proserpine, & à toute la bande
De ces espris qui dedaignans les bords
Obliuieux, reuont en nouueaux corps.
Elle qui vit de ton amour gangnée
Te fera voir ta future lignée,

Et tous les Rois qui sortiront de toy
Forts à la guerre, & prudens à la loy:
Qui d'vn long ordre & de longue puissance
Tiendront vn iour le beau sceptre de France.
 Mais cependant que tu pleures en vain
Rongeant ton cueur d'vn genereux dédain
Sur cette riue escumeuse & deserte,
Ah! malheureux, tu as fait vne perte
D'vn cher amy qui touiours te suiuoit.
Dedans son cueur le tien mesme viuoit
Seur compagnon de ta fortune amere:
Las! il est mort: vn Dieu par sa colere
L'a fait mourir de mort cruelle, afin
Qu'il empeschast le cours de ton destin:
Mais pourneant il cache vne rancune,
Car le destin est plus que la fortune.
Va d'vn pied viste & le fais enterrer,
Et son esprit ne laisse point errer
Dessus le corps long temps sans sepulture,
Qu'il ne te soit vn malheureux augure.
Dessous ta main tout le monde il eust mis
Si le destin enuieux eust permis
Qu'il eust en Gaule ordonné ton armée.
,, L'homme n'est rien qu'vne vaine fumée!
A tant la Nymphe en parlant deuala
Son chef sous l'eau: l'onde que ça qui là
Flot dessus flot en se ridant grommelle,
D'vn long tortis l'engloutit dessous elle.

Tandis

Tandis Dicé que le soin tient raui,
De Francion les pas auoit suiui:
Deux grands leuriers yssus de bonne race
(Fidelle guet) le suiuoient à la trace:
En l'abordant tout rempli de souci
Luy prist la dextre & le saluë ainsi.
Prince Troyen, dont la vertu premiere
Du pere tien efface la lumiere:
Quand mon païs en deux ie partirois
Et d'vne part honoré ie t'aurois
Encor' beaucoup ie serois redeuable
A ta vertu qui n'a point de semblable,
Qui as tiré mon enfant du danger,
Qui seul as peu du Tyran me vanger,
Monstre cruel, qui moquoit la iustice,
Moquoit les Dieux & l'humaine police,
Et m'ahontant de toute indignité
De son harnois estonnoit ma cité.
Ie t'offrirois en lieu de ta prouësse
Vn grand amas de pompeuse richesse,
Bagues, lingots, coupes d'or & vaisseaux,
Mais tu ne veux, ô fleur des iouuenceaux,
Ta vertu vendre à si fresle despence,
Le seul honneur te plait pour recompense.
Le seul honneur en l'antique saison
Assist Thesée, Hercules & Iason
Au rang des Dieux, & ie t'oze promettre
Que ta prouësse encores te doit mettre

P

LE III. LIVRE DE
Nouuelle estoille aupres de tes ayeux
Que la vertu enrole entre les Dieux.
Pource, estranger, la richesse mesprize,
Ne rouille point ton cueur de conuoitize,
Et comme Prince aux armes bien apris
De tes labeurs loüange soit le prix.
Entre mes biens le plus grand que ie vante
Mon cher tresor, i'ay vne chere infante
Qui de beauté ne fait place à Venus,
De qui les ans accomplis sont venus
Qu'elle doit estre en fleur d'age menée
Dessous la loy du nopcier Hymenée.
Si sa beauté ne te vient à desdain
Ie te veux ioindre en la sienne ta main
Pour foy d'espoux d'vne si chaste fille,
Et de vous deux s'esleue vne famille
Grande en honneurs, de ceste terre Rois
D'où tes ayeux sont issuz autrefois:
Car si on croit à nostre vieille annale,
Crete de Teucre est la terre natale,
Ainsi Dicée en le tentant luy dit
Quand Francion luy contre-respondit.

 Prince Cretois, qui à bon droit te vantes
Estre sorti de ces vieux Corybantes
Qui sous le glaiue & la loy qu'ils tenoient
D'heureuse paix leurs peuples maintenoient,
En peu de mots ie puis faire responce
A ta courtoise amiable semonce:

LA FRANCIADE.

Vn souuenir viura touiours en moy
Pour tant de biens que i'ay receus de toy
Qui pauure & nud tourmenté du naufrage
Ne m'as permis seulement ton riuage,
Mais asseurant ma fortune & son cours
M'as presenté ta fille & ton secours.
Or si i'auois puissance sur ma vie,
Si du destin elle n estoit rauie,
Et si i'estois porté de mon plaisir
Ie ne voudrois ton royaume choisir
Pour demeurer, ains alaigre de ioye
I'irois chercher encor ma vieille Troye,
Et me plairoit entre les vieux tombeaux
De mes ayeux bastir des murs nouueaux,
Et d'habiter la cendre de mes peres:
Mais les destins auteurs de mes miseres
Contre mon gré me trainent & me font
Enfonçer l'œil & abaisser le front!
Ainsi forcé ie ne puis autre chose
Contre le ciel qui des hommes dispose.
Ce fier destin la Gaule me promet,
Qui seulement marier me permet
En Germanie & non en autre place:
Du sang Troyen meslé parmi la race
Du sang Germain des Rois doiuent sortir
Qu'on me promet le monde assuiettir,
Ayant borné par le glaiue leur gloire
Du rond du ciel, la mer de leur victoire.

P ij

Donne sans plus à ce Prince Troyen
Des charpentiers, du bois & le moyen
De rebastir vne flotte nouuelle
Pour retanter la fortune cruelle,
Et le malheur par qui tout est donté,
Qui maugré moy force ma volonté.
 Il dist ainsi: Dicée qui prend garde
A son maintien tout estonné regarde
D'yeux & d'esprit ce Troyen qui parloit,
Et l'admirant pour gendre le vouloit.
En cependant son ieune fils Orée
Pour celebrer la victoire honorée,
Et pour aux Dieux s'aquiter de ses vœufs,
Dedans vn parc auoit choisi cent beufs
Au large front, agreables offrandes,
Blancs, grands & forts: victimes les plus grandes:
Et pres la ville en vn bocage saint
Manoir des Dieux, religieux & craint,
Les amena (on dit qu'en ceste place
Minos parloit à Iupin face à face,
Quand il prenoit les loix de ce grand Dieu)
Il mit de rang les cent beufs au milieu
Vn vert bocage, & de gazons il dresse
Vn vert autel à Victoire Déesse.
De tous costez errant en diuers lieux
Il amusoit son esprit & ses yeux
A regarder s'il verroit d'auenture
Quelque grand arbre esgayé de verdure:

LA FRANCIADE.

Non gueres loin sur le tertre prochain
Vit vn vieil chesne espais, au large sein,
Aux larges bras, qui ses branches fueilluës
D'vn chef superbe enuoyoit dans les nuës.
De ses rameaux tout le chesne esbrancha,
Puis sur la cyme en trophée attacha
Du mort Gean les armes despouillées,
Cuissots sanglans, greues de sang mouillées,
Maille, plastron, gantelets & brassars,
Le iauelot, le poignard & les dars,
La dure espée, & l'effroyable creste
Du morrion gardien de la teste.
Deuant l'autel les beufs il assomma,
Le sang qui sort à gros bouillons fuma
Sous le couteau meurtrier de la poitrine:
L'vn la peau cruë arrache de l'eschine,
L'vn les estrippe & l'autre peu à peu
Pour les rôtir allumoit vn grand feu:
Dedans le ciel en voloit la fumée!
Quand par le feu l'humeur fut consommée,
D'ordre en son rang vn chacun s'aprocha
Et pour manger sur l'herbe se coucha:
Le vin se verse, & l'escumeuse coupe
De main en main erre parmy la troupe,
Que de bon cueur s'inuitant receuoient,
Et la moustache en la tasse lauoient.
De la cité les Dames bien coifées,
Aux doux regards, aux gorges atifées

P iij

De beaux ioyaux, au riche corps vestu
D'vn or broché en la soye batu
Menoient le bal: Terpin qui les deuance
Tout le premier acordoit la cadance,
Chantant cét hymne, & mariant sa voix
Au luth poussé du trambler de ses doits.
 Fille du ciel inuincible Victoire,
Dont les habits sont pourfillez de gloire,
D'honneur, de pompe, & dont le front guerrier
Est honoré de palme & de laurier:
Roine qui sœur de Fortune te nommes,
Qui touiours pens douteuse sur les hommes
Et le conseil casses du bataillant,
Qui seule fais d'vn couard vn vaillant,
Et d'vn vaillant vn couard, quand ta face
Iette en noz cueurs ou le chaut ou la glace.
Tu es douteuse, incertaine & sans foy,
Tu fais, defais, comme il te plaist, vn Roy,
Puis le refais, & les citez tenuës
Sous tyrannie esleues dans les nuës.
Tantost l'espoir, tantost la peur te suit,
Tout l'vniuers se comble de ton bruit
Quand le renom aux aisles emplumées
Seme par tout l'effroy de tes armées.
Aucunefois tu flates les humains,
Aucunefois tu coules de leurs mains
Vn songe vain, faute de te poursuiure,
Et le veincu veinqueur tu laisses viure:

LA FRANCIADE.   60

Et le veinqueur qui te pense souuent
Tenir chez luy ne tient rien que du vent.
Pour compaignon tu meines l'arrogance
Et ne scay qu'elle impudante esperance,
Vne ieunesse effrontée & l'orgueil
D'assuiettir tout le monde à son vueil.
Le sang, la mort, la cholere acharnée,
Et des soldars la licence efrenée,
Et le mespris des grands Dieux immortels
Suiuent tes pas : & toutesfois tu-és
Mere des Rois, des sceptres & des villes,
Tu fais germer les campagnes fertilles,
Et foisonner les coutaux de raisins,
Honneur des tiens, crainte de tes voisins.
Deuant ton char que la crainte enuironne,
Marche Enyon & la fiere Bellonne,
Et la ieunesse au sang bouillant & chaut,
Et le peril à qui la raison faut.
Sans ton secours Mars ne pourroit rien faire,
Des fiers Titans tu fus seule aduersaire,
Lors que ta mere vn harnois te donna :
Pource Iupin d'honneur la couronna,
Et ne voulut par promesse asseurée
Que desormais son eau fust pariurée.
Escoute moy vieille race des Dieux :
Du bon Francus les faits laborieux
Engraue au ciel à lettres immortelles :
En sa faueur romp le vol de tes êsles,

Et sans partir, sois en toute saison
De ce Troyen hostesse en la maison.
Casse touiours d'vne main merueilleuse
De ses voisins l'audace sourcilleuse,
Et fait ses hoirs au monde redouter
Comme vne race impossible à donter.
Il dist ainsi: la gaillarde assemblée
A iusqu'au ciel la chanson redoublée.

 C'estoit aux mois que le bel an tourné
Auoit par tout le printemps ramené
Son fils aisné, quand la terre tresbelle
Comme vn serpent sa robe renouuelle,
Et quand Amour pousse de toutes pars
L'arc en la main, ses flames & ses dars:
Quand les forests, les plaines & les fleuues,
Tertres & bois vestus de robes neuues
Enorguillis de cent mille couleurs
Pompent leur sein d'vn riche émail de fleurs.
Mais quoy que l'an & le printemps ensemble
Fussent tresbeaux, leur ieunesse ne semble
(Bien que fleurie en mille nouueautez,)
Ni au maintien, au port, ni aux beautez
Du iouuenceau, ni aux graces si belles
Qui donnoient lustre aux roïalles pucelles.
Comme deux lis à l'enuy florissoient,
De leurs regards les amoureaux croissoient,
Et sur leur front au vif estoient descrites
Venus, Pithon, & toutes les Charites.

LA FRANCIADE.

Ce Francion auoit vn beau menton
Crespu de soye, & pareil au coton
Prime & douillet, dont le fruitier Autonne
La peau des coings blondement enuironne:
Sa taille estoit d'vn Prince genereux,
Grande, heroïque, & pareille à ces preux
Iason, Thesée, & à ceux qui semée
Ont en tous lieux leur viue renommée:
Sa large espaule, & sa greue & sa main,
Et le relief aimable de son sein
Estoient si beaux, si bien faits de nature,
Qu'on ne pourroit les tracer en peinture.
De ces deux sœurs par vn art nompareil
Les beaux cheueux luisoient comme vn Soleil,
Semblable estoit la couleur de leur iouë
Au teint vermeil de la roze qui nouë
Dessus du laict, & leur bouche s'armoit
D'vn ris mignard qui les ames charmoit,
De ronds tetins messagers de ieunesse
S'enfloit leur sein: vne gaillarde presse
D'amours, d'atraits, de graces, & de ieux
Vne embuscade auoient en leurs cheueux:
Pithon la douce en leurs langues habite,
Et l'homme auroit le courage d'vn Scythe
Et seroit né des tygres & des ours
Si les voyant ne s'alumoit d'amours.

 Finis les vœux qu'on rendoit à Victoire,
Voicy Venus à la paupiere noire

Q

Qui du haut ciel precipitant la nuit
Vint de ces sœurs enuironner le lit.
Elle se change en la vieille prestresse,
Qui sous Hyante auoit de sa Déesse
Autels & temple en venerable soin,
Qui touiours pronte entre-ecoutoit de loin
L'abboy des chiens annonceant sa venuë
Ou quand d'enfer, ou quand d'entre la nuë
Elle à trois fronts effroyable arriuoit
Dedans son temple où la nuit la suiuoit.
En se couchant sur le cheuet d'Hyante
Luy dist ainsi: d'vn chesne d'Erymante
Ou d'vn rocher le rampart de la mer,
Ozé-tu bien ta poitrine enfermer?
As-tu sucé des louues la mammelle?
As-tu le cueur d'vne tygre cruelle,
Qui n'as le cueur passible d'amitié?
Qui du Troyen n'as ni soin ni pitié
Qui meurt pour toy, qui a laissé sa terre,
Non comme il dit pour les Gaules conquerre,
Mais tout raui du bruit de ta beauté
A de la mer veincu la cruauté
Pour voir ta face, & s'il estoit possible
Se ioindre à toy d'vn lien inuincible.
Et toutefois fiere de son ennuy
Tu vois sa playe & te moques de luy.
Disant ainsi de sa belle ceinture
Du lict d'Hyante encerna la closture:

Ceste ceinture estrangement pouuoit,
Que la Nature en se iouänt auoit
De sa main propre à filets d'or tissuë :
Et d'elle en don Venus l'auoit receuë
Quand le boiteux Lemnien tant oza
Que pour sa femme au ciel il l'espouza,
Dont est sorti tout l'estre de ce monde,
Tout ce qui nouë au plus profond de l'onde,
Ceux qui d'vne aisle en l'air se fond vn train,
Tout ce qui paist la terre au large sein,
Tout animal cazanier & sauuage
Est enfanté de ce grand mariage.
En la tissure estoient portraits au vif
Deux Cupidons: l'vn auoit vn arc d'if
Au trait moussu, qui tire aux fantaisies
Craintes, soupçons, rancueurs & ialousies :
L'autre de palme auoit l'arc decoré,
Son trait estoit à la pointe doré,
Poignant, glissant, dont il cache dans l'ame
Et verse au sang vne gentille flame
Qui nous chatouille, & nous fait desirer
Que nostre genre entier puisse durer.
Là fut Ieunesse en longs cheueux portraite,
Forte, puissante, au gros cueur, la retraite
Des chaux desirs : Ieunesse qui touiours
Pour compagnie améne les amours.
Comme vn enfant pendoit à sa mammelle
Le ieu trompeur, la fraude, & la cautelle,

Q ij

Les ris, les pleurs, les guerres & la paix,
Treues, discords, & accords imparfaits,
Et le deuil qui deçoit noz courages,
Voire l'esprit des hommes les plus sages.
Quand la cointure eut versé sa vertu
Dessus le lit, le feu qui n'auoit-eu
Puissance entiere au cueur des damoiselles
Se renforça de larges étincelles,
De nerfs en nerfs, d'os en os prist vigueur,
Puis tout soudain se fit roy de leur cueur.
Comme le feu caché sous les fougeres,
Qu'au mois d'hyuer les peureuses bergeres
D'vn deuanteau vont & reuont soufflant
Fueille sur fueille, & largement enflant
Poumons & gorge, à toute peine ouantent:
D'vn petit traq mille flames s'augmentent
En longue pointe: à la fin peu à peu
Plein de fumée au ciel vole vn grand feu:
Ainsi d'Amour les flames alumées
En se couuant dedans l'ame enfermées
De ces deux sœurs par vn traq deuoyé,
Vn grand brazier au cueur ont enuoyé.
 Incontinent que la belle iournée
Chassant la nuit au ciel fut retournée,
Le bon Troyen souspirant sans confort
Feit aprester les obseques du mort,
Versant des yeux vne source espanchée:
Mort que la Nymphe au fond de l'eau cachée

Auoit enioint dez le iour enterrer,
Et son esprit ne laisser point errer
Dessus le corps priué de seputure,
Qu'il ne seruist de malheureux augure.
L'humain esprit qui son hoste a laissé
N'est pas heureux si Styx il n'a passé:
L'honneur du corps dont la vie est cassée
Est le sepulchre, & la terre amassée
Sur le tombeau qui finit les douleurs,
Et des amis les regrets & les pleurs.

 Premierement on explane vne place
Large en quarré de deux cens pas d'espace,
Où au milieu on assemble vn bucher,
Puis sur la cyme vn lit pour le coucher.
Par les forests d'vne penible traite
Va haut & bas meinte large charrette,
Qui gemissant sous le faix, aportoit
Le bois coupé que le fer abatoit:
Auec les coins le chesne bon à fendre
Trebuche icy: on laisse là descendre
Auec grand bruit de la cyme des monts
Trambles, ormeaux, & tils aux larges fronts,
Le sapin tombe & le pin plus vtile
Pour voir la mer: puis on dresse vne pile
Bois dessus bois nourrissons des forests.
Tous les costez sont parez de cyprés,
Le bas de pin, & de chesne le feste:
Dedans le ciel le bucher a la teste.

Q iiij

D'vne autre part ses plus loyaux amis
Ont des chaudrons dessus la braize mis,
La flame esparse autour du ventre large
Fait bouillir l'eau, les vns prennent la charge
D'oindre le corps, office plein de dueil.
Autres apres le couchent au cercueil,
Et soupirant arrozerent leurs armes,
Le mort, la biere & la terre de larmes.
Le corps tout froid au plus haut du sommet
De ceste pile en l'armoyant on met
Pour le bruler, seruice charitable:
Tout ce qu'il eut en sa vie agreable
Y fut ietté, autant qu'en permettoit
Le pauure exil qui Francus agitoit.
Luy qui secouë vne torche fumeuse
Boute le feu: la flammeche gommeuse
D'vn pié tortu rampant à petit saut
En se suiuant s'enuole iusqu'au haut:
Le bois craquette, & la pile alumée
Tomba sous elle en cendres consommée
Le vent souflant du soir iusqu'au matin.
Incontinent le vieil prestre Mystin
Qui du corps mort songneux auoit la garde,
Laue la braize & la cendre boiuarde,
Choisit les os & les enferme au sein
(Sacré tombeau) d'vn vaze fait d'airain:
Puis arrouza par grand ceremonie
D'vne sainte eau trois fois la compagnie:

Les derniers mots de l'obseque acheua,
A tant se teut, & le peuple s'en va.
Francus qui veut sous les ombres descendre
Tond ses cheueux & les mist sur la cendre
Du trespassé, cent fois la rebaisant :
Cher compagnon pren de moy ce present
Triste tesmoin de ma fatale perte.
Puis à plein poin la cruche il a couuerte
De ses cheueux qu'il auoit autrefois
Vouëz au Dieu qui baigne les François.
Lors de ses yeux les larmes respanduës
Dessus la face en roulant descenduës
L'vne sur l'autre à goutes se hastoient,
Et les soupirs l'estomac luy battoient,
Blasmant la mort d'vne plainte profonde
Qui rien de bon ne laisse viure au monde.
 Tandis les sœurs d'vn œil d'amour raui
Ce triste office espioient à l'enui,
Et le Troyen, dont les larmes iettées
Auoient beaucoup ses graces augmentées :
Bref le voyant si charitable & fort
Plus que deuant, Amour gaigna le fort
De leur raison, d'vne fléche laschée
Dessous le cueur profondement cachée.
Mais plus Clymené au foye elle touchoit
D'autant que plus sa flame elle cachoit :
De toute chose elle pert la memoire,
Se pert soymesme : vne tristesse noire

LE III. LIVRE DE

L'esarouche point d'imaginations
Dont le gros sang fournit d'impressions,
Et d'vn feu lent fit escouler ses peines
Aux nerfs, aux os, aux muscles & aux veines,
Et dans le foye, où la playe se fait
Grande en douleur, quand amour de son trait
Blesse quelcun : si que depuis la plante
Iusqu'à la nuque, vn souci la tourmente,
Point, frape, bat. Elle qui sent parmy
Ses propres os loger son ennemy,
Pense & repense & discourt en sa teste :
Son penser vole & iamais ne s'arreste
Deça delà virant & tournoyant
Comme l'esclair du Soleil flamboyant
Sortant de l'eau nagueres respandue
Dans vn chaudron à la panse estandue :
Ce pront esclair ore bas ores haut
Par la maison sautelle de meint saut
Et bond sur bond aux soliueaux ondoye
Pirouëtant d'vne incertaine voye,
Ioyeux de voir ses longs rayons espars
De place en place orner de toutes pars.
Ainsi discourt sans arrest de pensée
De trop d'amour la pucelle offensée :
Sur vn penser vn autre redoubla,
Mais cetuy-cy le meilleur luy sembla :
Ce fut de prendre vne chambre segrette
Et loin à part pleurer toute seulette.

Dessus

LA FRANCIADE.

Dessus vn coffre à bouche se coucha,
Puis quand sous l'eau le Soleil se cacha
Se iette au lit, où le sommeil qui presse,
Fit pour vn temps à son mal prendre cesse,
Mais pour neant: car le somne trompeur
Entre-meslant l'esperance en la peur
Vint l'effroyer, comme il a de coutume
D'effroyer ceux de qui la playe fume
Dessous le cueur, quand le mal chaleureux
Par le sang traine vn vlcere amoureux.
 Elle songeoit pleine d'amour extreme,
Entre-dormant, que Francus de soy mesme
Estoit venu en Crete pour ozer
Prier son pere afin de l'espouzer,
Et que la dextre en la dextre ayant mise
De l'estranger, la luy auoit promise:
Que par courroux desdit il s'en estoit,
Que le Troyen pour elle combatoit
A toute force, & que tout bouillant d'ire
La trainoit seule en sa creuse nauire
Bien loin de Crete en la profonde mer,
Et que son pere ardant faisoit armer
Mille vaisseaux afin de la poursuiure,
Et le larron ne laisser ainsi viure:
Que le riuage estoit rempli de feus,
D'armes, de naufs, & de peuples esmeus,
Faisant grand bruit, & ce bruit la resueille.
Or comme Amour traitrement la conseille,
        R

Deuant le iour hors du lit se leua,
Et de sa chambre à tatons elle va
Touchant les murs d'vne main incertaine,
Et r'amassa son esprit à grand peine
Que le sommeil du corps luy destacha:
Puis de rechef au lit se recoucha
D'amour, de peur & de rage frapée,
Où de rechef le songe la trompée.
Touiours au cueur Francus luy reuenoit
Et le maintien qu'en parlant il tenoit,
Quel geste il eut, quel port & quelle face,
Et quelle fut la douceur de sa grace,
Quelle sa robe, & quel fut son parler,
Ses doux regards, sa taille & son aller,
Son menton crespe & sa perruque blonde:
Elle pensoit qu'il ni eust Prince au monde
Pareil à luy: touiours sa douce voix,
Ses doux propos, & ses deuis courtois
Comme pasmée & pleine de merueille,
Coup dessus coup luy refrapoient l'oreille.
Aucunefois elle songeoit errer
Par les desers, & seule s'égarer
Entre rochers, riuieres & bocages
Sans compagnie entre bestes sauuages,
Et que Francus amoureux estranger
Le fer au poin la sauuoit du danger.
Aucunefois apres l'auoir vangée
L'offroit luy mesme afin d'estre mangée,

Puis des lions mi-morte la sauuoit,
Et son secours luy nuisoit & seruoit.
Tout en sursault elle s'est reueillée
Nuds pieds, sans robe, afreuse, escheuelée,
Et s'acoudant dessus le coin d'vn banc
Mille soupirs repoussa de son flanc.
Pauurette moy! comme toute esmayée
M'ont ceste nuit les songes effrayée!
L'ame m'en tramble, & le cueur m'en debat,
Crainte & amour me font vn grand combat.
Certes ie suis toute autre deuenuë
Que ie n'estois: ie crain que la venuë
De ce Troyen ne m'aporte malheur
Autant qu'il fait en songeant de douleur:
Touiours i'y pense! heureuse & plus qu'heureuse
Si forcenant ie n'estois amoureuse,
Et si iamais pour euiter la mort
Le fils d'Hector n'eust touché nostre bord.
Comme au printemps on voit vne ienisse
Qui n'a le col courbé sous le seruice,
A bonds gaillards courir parmi les champs,
A qui le tan aux aiguillons tranchans
Pique la peau & la pousse en furie:
Ni les ruisseaux hostes de la prairie,
Herbes, ni fleurs, bocage ni rocher
Ne la sçauroient engarder de moucher
De toutes pars vagabonde & courante:
Ainsi Clymene en son esprit errante

R ij

Court & recourt, & n'est iamais osté
Le poignant trait qui naure son costé.
　　Que dois-ie faire, où iray-ie, dit elle,
Pour me guarir personne ne m'apelle!
Ie meurs sans ayde, & si ie ne veux pas
Que sœur ni frere entende mon trespas:
Faut-il qu'en pleurs ie distille ma vie?
Que de ma sœur ainsi ie me deffie
Qui seule estoit mon conseil autrefois,
Qui m'aimoit toute & que toute i'aimois?
Helas il faut que mon mal ie luy conte!
Et quoy Clymene auras-tu point de honte
De confesser qu'Amour soit ton veinqueur,
Que tu voulois luy arracher du cueur
Quand l'autre iour par vn grand artifice
Tu luy prouuois qu'aimer estoit vn vice?
Il ne m'en chaut, elle aura son retour,
La parenté doit surmonter l'amour:
Et si elle est de Francus amoureuse
Me fera lieu me voyant langoureuse.
Pauure abuzée! hé ne scais-tu pas bien
Que les parens desrobent nostre bien?
Et que pour eux entier ils le desirent
Ioyeux au cueur quand les autres soupirent?
Ce n'est qu'vn sang de ma sœur & de moy,
Elle prendra pitié de mon esmoy!
,, Foy ni pitié ne regnent plus en terre,
,, Et le parent au parent fait la guerre!

LA FRANCIADE.

Las! que feray-ie! il vaut mieux la tanter:
Le secours vient en voyant lamenter:
Il ny a louue aux forests tant soit fiere
Qui ne soit douce aux pleurs d'vne priere:
Helas on dit en prouerbe souuent,
,, Priere & pleurs se perdent comme vent,
Ouy si lon prie vne ame inexorable:
Mais ma sœur est & douce & pitoyable:
Au pis aller ie ne sçaurois sentir
En l'essayant que honte & repentir.
En la façon qu'elle estoit habillée
Nuds pieds, sans robe, afreuse, escheuelée,
Delibera contre le mal d'amours
De voir sa sœur & demander secours.
Elle courut comme son pié la porte,
Mais aussi tost qu'elle fut à la porte
Se recula comme le pelerin
Qui de fortune a trouué par chemin
Vn long serpent timbré d'vne grand' creste
Qui sifle, escume, & s'enfle de la teste,
Faisant mourir les herbes du toucher:
Il se recule & n'en oze aprocher.
Ainsi tourna la pucelle en arriere:
Dessus la langue elle auoit la priere,
La larme à l'œil, le souci sur le front,
Dedans l'esprit vn pensement profond
Et meint sanglot se creuoit en sa bouche,
Quand trop d'amour qui la touche & retouche,

R iij

Qui compagnon ses pas alloit suiuant,
Fit auancer ses iambes en auant,
Et de rechef la honte les recule,
L'honneur la gele, & le désir la brule.
Trois fois amour la voulut faire entrer,
Honte trois fois ses pieds vint rencontrer,
Trois fois reuint & trois fois s'en retourne:
Son pas douteux qui maintenant seiourne
Maintenant va comme amour le seduit,
Porté d'ardeur de rechef la conduit,
Et derechef la honte la repousse.
Ce Dieu qui bat d'vne forte secousse
Son cueur douteux, si bien la foruoya
Que dans la chambre en fin la conuoya
Pleurant en vain: comme vne fiancée
Qui dés long temps a lié sa pensée
Au iouuenceau qui premier qu'apaiser
Sa flamme est mort auant que l'espouser,
Elle de dueil & d'amour alumée,
Lamente seule en sa chambre enfermée,
En se cachant de peur que ses regrets
Ne soient ouïs des voisins indiscrets
Qui de brocards piqueroient la pauurette,
Touiours au cueur son fiancé regrette:
D'vn cry muet à bouche close ainsi
Pleuroit Clymene & cachoit son souci.
Pour raconter sa douleur qui n'a treue
Ores au bout de sa langue l'esleue

La voix pousse, & aux leures luy pend,
Ores tombée aux poulmons redescend
Sans nul effect: car le son qui ne touche
Qu'vn peu les dents ne desserroit sa bouche.
Ainsi qu'on voit les fantosmes de nuit
Parler à nous & ne faire aucun bruit.
Or comme Amour en fureur l'importune,
Sans declarer à sa sœur sa fortune
Seule en sa chambre en haste s'en reua,
Où de longs pleurs sa poitrine laua.
A ses soupirs la bride elle destache,
Rompt ses habits, ses cheueux elle arrache,
Egratignée, & d'vn esprit transsi
Pensoit douteuse & repensoit ainsi.
Que dois-ie faire? helas en quelle peine
Me tient Amour! ha chetiue Clymene,
Tu vis sans vie, & folle tu n'as soin
(Cruelle à toy) de toymesme au besoin.
Las! puis qu'Amour ta part ne fauorize
Par la fureur conduis ton entreprize:
,, Quand la fortune en se iouant nous pert,
,, Pour la raison souuent la fureur sert.
Dois-ie prier vn homme qui peut estre
Ne sçait mon mal: si ie luy fay paroistre
Il trahiroit mon amour sans guerdon.
Il est yssu du Roy Laomedon
Sans foy, pariure, & qui prendroit à gloire
D'auoir, trompeur, d'vne femme victoire.

Dois-ie me plaindre & ma sœur retenter?
Cela feroit son ardeur augmenter:
Car ie sçay bien (Amour m'a fait sçauante)
Que Francion est amoureux d'Hyante,
Et que ma sœur ce Troyen aime mieux
Que ses poumons, son foye, ni ses yeux,
Ie n'en sçay rien, seulement ie m'en doute:
,, L'amant douteux toute parole escoute.
Dois-ie par fraude & par dol controuuer
Qu'au fond du cueur ma sœur laisse couuer
Vn feu plus chaste, & le dire à mon frere?
En le disant il me seroit contraire:
Pour vn soupson ne voudroit vn discord
Contre celuy qui l'a sauué de mort.
Ie souffre trop sans donner connoissance
De mon trauail: la seule patience
,, Est le remede: vn feu souuentefois
,, Meurt de son gré quand il n'a plus de bois.
Pensers & pleurs aprestent la matiere
A mon brazier: Il faut que toute entiere
En liberté ie me redonne à moy:
Vn amoureux sur luy n'a point de loy!
Plus fil à fil ses liens il desserre
Et plus Amour à la chaine l'enferre.
A tous venans dirai-ie mon malheur?
,, Dire son mal allege la douleur.
Non: ni mon sang, mon honneur, ni ma race
Ne veulent point que fable ie me fasse,

Et

LA FRANCIADE.

Et que chacun d'vn cueur dissimulant
Flate mon mal, & puis en s'en allant
Me deshonore, & tançant sa famille
Par mon malheur fasse sage sa fille.
Donq que feray-ie? iray-ie en autre part
Comme banie? Amour qui tient le dard
Dedans mon cueur en si profonde playe
Ne permet point qu'autre païs i'essaye :
Puis pour passer meint fleuue & meint rocher
Ie ne sçaurois de mon flanc arracher
Ce trait qui met la tristesse en mes veines,
Mon cueur en feu, & mes yeux en fonteines :
Pour le meilleur, Clymene, il faut mourir,
Et par la mort ton amour secourir.

 Comme en son cueur elle pensoit la sorte
De se tuer, ou d'vne sangle forte
Pendre son col au bout d'vn soliueau,
Ou se ietter à chef baissé sous l'eau,
Et s'estoufer au plus profond des ondes,
Ou s'en aller par les forests profondes,
Par les desers des rochers enfermez
Seruir de proye aux lions affamez :
Vne poison luy sembla la meilleure
Pour destacher son ame tout à l'heure
Loin de son corps, & du corps le souci.
D'vn pesant pas & d'vn pesant sourci
Coup de sur coup de passion outrée
Elle est pleurante au cabinet entrée,

S

Où tout le bien que plus cher elle auoit
D'vn soin de femme en garde reseruoit:
Sur ses genoux elle mist vne quesse,
Puis mist la clef en la serreure espesse,
La clef tourna, la serreure s'ouurit.
Là, choisissant entre mille, elle prit
Vne poison qu'on dit que Promethée
A de son sang autrefois enfantée,
Quand le vautour tout herissé de faim
A coups de bec luy dechiroit le sein:
Le sang coula dessus la terre mere,
Le Soleil chaut qui toute chose esclaire,
Luy donna l'estre, accroissance & vigueur:
Elle a de tige vn coude de longueur,
Rouge la fleur, la fueille vn peu noirastre,
Que la sorciere & la fausse marastre,
Sçauent cueillir de leurs ongles tranchans
Disant dessus des mots qui sont meschans,
Et n'est poison qui si pronte deliure
Loin de son ame vn corps fasché de viure:
Quand elle vit telle forte poison,
S'euanouit en longue pamoison,
Roüant les yeux, & horriblant la face,
Et de ses pieds trepigna sur la place:
Vn spasme auoit tous ses nerfs estendus,
Elle cria: ses cris sont entendus
De sa nourrice à qui dés son enfance
Elle portoit honneur & reuerence.

Or' de fortune a l'huis elle escoutoit,
Car la pucelle vn peu dauant s'estoit
A sa nourrice en segret decouuerte
Elle en esprit presageant sa perte
Touiours en peur de sa fille viuoit,
Et pas à pas songneuse la suiuoit.
D'un coup de pié la porte elle a poussée,
Puis en voyant la pucelle pressée
Des traits de mort, d'vn parler redouté
Luy a le cueur dans le sein rebouté
La conseillant: ô Princesse bien née
En quel malheur tourne ta destinée
Par ton conseil? le Destin ne peut rien
,, Sur l'homme auteur de son mal & son bien:
,, Nous sommes seuls maistres de noz fortunes,
,, Comme il nous plait el' sont blâches & brunes,
,, Et le grand Dieu bon pere des humains
,, Le franc arbitre a mis entre noz mains
,, Sans nous lier aux estoilles celestes
,, Dont les vertus ne nous sont manifestes,
,, Ni au destin qui ne peut nous borner:
,, Bien que le ciel il fasse retourner,
,, Et les saisons en leur temps il rameine,
,, Il ne peut rien sur la prudence humaine
,, Sinon d'autant qu'elle luy donne lieu:
,, Nostre vouloir en nous est nostre Dieu.
Ie ne di pas que le sort n'ait puissance
Sur tout cela qui prend icy naissance,

S ij

Mais corriger le peut on par conseil,
Et à la playe apposer l'apareil:
Chacun y sert à soy mesme de guide.
Amour resemble au scorpion homicide
Qui blesse, & puis à la playe qu'il fait
Luy mesme sert de remede parfait:
Donq ne crain point ton malheur faire entendre
Au beau Troyen qui de nature est tendre
Et qui d'amour facilement est pris,
Comme nepueu de l'amoureux Páris
Iuge courtois qui vuidant la querelle,
Donna la pomme à Venus la plus belle:
Tous ses ayeux grands Princes genereux
Furent iadis des beautez amoureux,
Troé, Dardan, & le beau Ganymede.
Contre l'amour on trouue assez remede
Quand la raison se veut euertuer,
Et non ainsi laschement se tuer:
,, L'ame couarde & vilaine s'offence,
,, Touiours la bonne au mal fait resistance:
,, L'homme est bien sot qui tombe en desespoir,
,, Rien n'est perdu qu'on ne puisse rauoir:
,, Champs & maisons & bagues bien ouurées
,, A force d'or sont touiours recouurées;
,, Par la fortune on pert le bien mondain,
,, Par elle mesme il retourne soudain:
,, Mais noz tresors ne racheptent la vie
,, Quand vne fois la parque l'a rauie,

Et qu'elle dort dans le tombeau reclus
S'est fait, les sœurs ne la refillent plus:
Il faut descendre aux eaux Acherontides
Voir Radamanthe & les trois Eumenides,
Et le palais du frere du sommeil.
Donques iouïs des rayons du Soleil,
Si tu pensois quand la tombe nous serre
Que l'homme prist ses plaisirs sur la terre,
Tu es trompée & n'as iamais gouté
L'heur de bien viure & douce volupté:
Pource sans voir vne horreur si profonde
Demeure sauue hostesse de ce monde.
Le ieu, l'Amour ne viuent plus là bas,
Ce n'est qu'horreur, que tombeaux, que trespas,
Faute de iour, frayeur, silences sombres,
Et vains espris qui ne volent qu'en ombres
Tu es Clymene, encore en ton printemps,
Tu n'as d'amour senti les passetemps
Ni les plaisirs du chaste mariage:
Garde toy donc pour vn meilleur vsage.
Tente Francus & fay luy par escrit
Sçauoir le mal qui ronge ton esprit.
De tels propos la fille elle admoneste:
Pronte au conseil la pucelle fut preste:
Trois fois la plume elle prist en ses dois
Et de la main luy tomba par trois fois:
Mais à la fin son mal tellement ose
Qu'en la forceant ceste lettre compose,

Ainsi voulut le dessus ordonner.
　Salut à toy qui me le peux donner,
L'aueugle Archer m'a tellement blessée
De ton amour le cueur & la pensée,
Que ie mourray si guarir tu ne veux
D'vn pront secours le mal dont ie me deulx.
Amour m'a fait en ce papier t'escrire
Ce que l'honneur me defendoit de dire,
Et i'ay ma bouche ouuerte mille fois,
Mais la vergongne à retenu ma vois.
A cét escrit vueilles donques permettre
Ta blanche main: l'ennemy list la lettre
De l'ennemy, la mienne vient d'aimer
Qui de pitié te deuroit enflamer.
Si tu t'enquiers en quoy le temps ie passe,
Songer, resuer, repenser en ta grace,
Et me perdant t'engager mon desir,
Est seulement le tout de mon plaisir.
Soit que le iour de l'orient retourne,
Soit qu'a midy dessus nous il seiourne,
Soit que la mer le reçoiue à coucher
Ie pense en toy: et si n'ay rien plus cher
Que de me paistre en ta vaine figure.
Ainsi pour toy cent passions i'endure,
Et sans pouuoir ni veiller ni dormir
Seule en mon lict ie ne fais que gemir.
Que ne me fit Diane la pucelle
Mourir le iour d'vne fleche cruelle

LA FRANCIADE.

Que ie te vy: le temps vescu depuis
N'est qu'vne mort viue de mes ennuis:
Comment viuroy-ie? ah mon ame affolée
Laissant mon corps en la tienne est volée:
Ie suis perdue & ne me puis trouuer:
Iay beau les sorts des sorciers esprouuer,
Rien ne me sert ni herbe ni racine,
Tu es mon mal, tu es ma medecine,
Tu es mon tout, & de toy seul ie pends.
Ie meurs pour toy, & si ne m'en repens.
Aye pitié d'vne fille amoureuse:
Des voluptez c'est la plus doucereuse
Que de cueillir vne premiere fleur,
Non vn bouton qui n'a plus de couleur.
Tu me diras que ie suis indiscrete
Comme nourrie en ceste isle de Crete
Où Iupiter de tant d'amours espris
Le premier laict de sa nourrice a pris,
Et que ie suis d'Ariadne parente
Fille à Minos, qui d'amour violente
Oza son pere & son païs changer
Pour vn Thesée, vn pariure estranger.
Certes ce n'est ma terre ni ma race
Qui me contraint, c'est seulement ta face,
Et ta ieunesse & ton œil nonpareil.
Malheureux est qui ne voit le Soleil
Quand il esclaire, & son œil tourne arriere
Pour ne iouïr d'vne telle lumiere:

Oste ton front, oste moy tes beaux yeux,
Oste ta taille egalle aux demi-Dieux,
Ton entretien, ton maintien, ta parolle,
Et qui plus est ta vertu qui m'affolle,
Tu esteindras de mon cueur le flambeau.
Mais te voyant si vertueux & beau,
Ie t'aimeray d'ardeur insatiable,
Et si ie faux tu en es punissable.
Ie ne crains point comme les Dames font
De m'apeller femme d'vn vagabond,
Pauure fuitif qui n'a maison ni Troye :
Il ne m'en chaut, las! pourueu que ie soye
A ton seruice, & tu daignes m'aimer :
Soit qu'il te plaise espouze me nommer,
Soit ton esclaue, & deusse-ie amusée
Tourner ton fil autour d'vne fusée.
Labeurs presens & futurs ie reçoy
Pourueu Troyen, que ie puisse estre à toy :
Ie ne craindray tes perilleux voyages,
Terres, ni mers, tempestes ni orages,
Ou si iay peur, i'auray peur seulement
De toy mon tout, & non de mon tourment :
Si ie peris, au moins en ta presence
Ie periray : ou ta cruelle absence
(Si tu ne veux pour tienne m'acquerir)
Cent fois le iour me tu'ra sans mourir.
De tels vers fut son epistre acheuée,
Puis la seella d'vne agathe engrauée :

La

La mit au sein de la nourrisse, & lors
Vne sueur ruissela de son corps:
Auec la léttre encor' luy bailla l'ame
Pour luy porter & my-morte se pasme.

    Tandis Cybele auoit changé de peau
Et transformé son vieil corps en vn beau,
Prenant la face & la voix & la taille
De Turnien (qui depuis la muraille
Bastit de Tours, & la ville fonda)
Lors de tels mots Francion aborda.

    Iusques à quand, fils d'Hector, sans rien faire
Nous tiendras-tu sur ce bord solitaire,
Acagnardez en paresseux seiour,
A boire, à rire, à demener l'amour?
A perdre en vain noz iours par les bocages
Suiuant les cerfs & les bestes sauuages?
Que ne fais-tu (sans le temps consommer)
Ce que t'a dit la Nymphe de la mer?
Courtize Hyante, afin qu'elle te fasse
Voir ces grands Rois qui viendront de ta race:
Puis donne voile, & sans plus t'allecher,
Va t'en ailleurs ta fortune chercher.

    Ce Turnien auoit la face belle,
Les yeux, le front, compagnon tresfidelle
De Francion que seul il escoutoit,
Et ses segrets en priué luy contoit.
Il estoit fils de la Nymphe Aristine,
Qu'Hector auoit sous sa masle poitrine

T

Pressée au bord du fleuue Simois:
Ses chers parens en furent resioüis
Enorguillis de voir leur fille pleine
Du fruit yssu d'vn si grand Capitaine.
Elle accoucha dessus le bord herbeux
Du fleuue mesme en regardant ses bœufs
Qui bien cornus paissoient par le riuage:
D'vn Prince tel il auoit son lignage.
 Ceste Déesse en s'enuolant de là
Bien loin du peuple à l'escart s'en alla
Voir la maison toute rance & moysie
Où croupissoit la vieille Ialousie.
C'estoit vn antre à l'entour tapissé
D'vn gros halier despines herissé:
Iamais clarté n'y flamboit alumée,
Et toutefois ce n'estoit que fumée:
Elle estoit louche & auoit le regard
Parlant à vous tourné d'vne autre part:
De fiel estoit sa poitrine empoulée,
Son col plombé, sa dent toute rouillée,
De froid venin sa langue noircissoit,
Comme saffran son teint se iaunissoit,
Boufie, enflé, vieille Megere blesme
Qui pour son past se mangoit elle mesme:
D'vn mauuais œil Cybele regarda,
Lors la Déésse ainsi luy commanda.
 Vieille debout: marche en Crete, & te haste:
Pren tes serpens, & de Clymene gaste

Par ta poiſon les veines & le cueur:
Dans l'eſtomac iette luy la rancueur,
Le deſeſpoir, la fureur & la rage,
Meſle ſon ſang & trouble ſon courage:
Tu le peux faire, & ie veux qu'il ſoit fait.
A tant s'enuole & laiſſe l'antre infait.
 Quand Ialouſie eut la parolle ouïe
De la Déeſſe, elle en fut reſiouïe:
Puis en frizant de ſerpens ſes cheueux
Et s'apuyant d'vn baſton eſpineux
Alla trouuer en Crete la pucelle
Que le ſommeil couuoit deſſous ſon aiſle,
Et dont le cueur qui de dueil ſe fendoit
Entre-dormant nouuelles attendoit.
Incontinent ceſte vieille maline
De la pucelle aſsiegea la poitrine,
D'vn froid venin ſes leures elle enfla,
Et la poiſon haletant luy ſoufla
Aux yeux, au cueur: & en l'ame renuerſe
Vn long ſerpent qui en gliſſant luy perſe
Foye & poumons: & puis en denouant
Ses cheueux tors, elle alla ſecouant
Mille lezars au ſein de la pauurette
Qui la ſuçoient d'vne langue ſegrette,
Et coup ſur coup les membres luy mordoient,
Et dans ſes os leur venin eſpandoient.
 A tant ſen va: ce pendant la nourrice
Eſpiant l'heure & la ſaiſon propice

T ij

A Francion la lettre presenta,
Et de parolle en vain le retenta.
Francus la prit & apres l'auoir leuë
De honte esprist baisse en terre la veuë
Le sang vermeil sur le front luy faillit,
Presque la voix au poumons luy faillit :
Puis à la fin d'vne langue estonnée
Se refrongnant responce il a donnée.

Vieille déloge, ou par le fer tranchant
Ie puniray tel acte si méchant,
Ou ie feray chastier par le pere
Vn fait si plein d'horrible vitupere.
Ie ne suis pas en ceste isle venu
Pour tromper ceux à qui ie suis tenu :
Le beau Pâris pour Helene rauie
De mille naufs vit sa faute suiuie,
Tuer son pere, Ilion embrazer,
Et iusqu'au fond ses murailles razer.
Ie crain des Dieux la vengeance homicide,
Et Iupiter hostelier, qui preside
Au cueur d'vn Roy qui benin veut loger
Sans le connoistre vn fuitif estranger.
Si l'hoste fault touiours quelque tempeste
Pour le punir luy tombe sur la teste :
,, Car d'vn malfaict le salaire est contant.
Or si i'estois de nature inconstant
Pront au plaisir où Venus nous apelle,
I'aimerois mieux sa sœur Hyante qu'elle,

„ Elle est modeste, & plus que la beauté
„ L'homme en la femme aime l'honnesteté.
　Il dit ainsi: vne froide gelée
S'est par les os de la vieille escoulée
Tremblant de peur: à la fin elle va
D'vn pié si pront que Clymene trouua
Encore au lit du sommeil assommée:
Reueille toy ma fille mieux aimée,
Ce beau Troyen d'vn autre amour espris
A mis ta lettre & ton cueur à mespris.
Toute en sursaut oyant telle parole
Se reueilla: son esprit qui s'enuole
Vers l'estranger emporté du penser
Luy fit ainsi ses plaintes commencer.
　Donques ma lettre a serui de risée!
Ha pauure moy! i'estois mal auisée
Folle d'amour! d'enuoyer vn escrit
A ce banni sans cueur & sans esprit,
Qui n'a sceu prendre aux cheueux la fortune!
C'est vn niais que la mer importune
Comme il merite, & qui sottement pert
Le bien qu'amour luy a sans peine offert,
Nozant cueillir pour crainte de l'espine
Le beau bouton de la rose pourprine.
Puis il se vante, O le braue Empereur!
Que de la Gaule il sera conquereur,
Qui n'a sceu veincre vne fille veincuë!
I'ay de sa honte & l'ame toute esmeuë

T iij

Et tout le cueur:il n'eſt du ſang des preux,
Mais d'vn paſteur ou d'vn piqueur de beufs,
Son front,ſes yeux,ſon parler,& ſa grace,
Son port royal qui les autres ſurpaſſe,
Sont ô Venus,indignes de ſon corps,
Laid par dedans & beau par le dehors:
Ame coüarde en vn beau corps logée,
Que ciel, que terre & que la mer Ægée
Vont pourſuyuant: car vraiſemblable il eſt
Que ta ſottize à Iupiter déplaiſt.
Du beau Páris,dont tu mens ta lignée,
La beauté fut d'amour acompagnée:
Helene à luy de bon cueur ſe rendit,
Et par combats dix ans la defféndit
Plein de ſueur,de guerres & de peines,
Cueur genereux,qui valoit cent Heleines.
Mais tu ne vaux,ieune larron de mer,
Que pour courir & non pour bien aimer:
Puiſſe auenir que ma ſœur ſoit trompée,
Et ſans eſpoir en ſes larmes trampée
Soit delaiſſée au front de quelque bord,
Et qu'elle pleure aux vagues ſans confort.
Quand ce banni par honneſte cautelle
Aura tiré le plaiſir qu'il veut d'elle,
D'vn cueur pariure oublira ſa beauté,
Car l'œil ſeneſtre en vain ne m'eſt ſauté.
Si le Deſtin les Gaules luy ordonne,
Qu'en ma faueur cent guerres il luy donne

LA FRANCIADE.

Ains que baſtir les rampars de Pâris,
Voye à ſes yeux ſes alliez peris,
Qu'il ſoit chaſſé, & que de terre en terre
En ſupliant ſecours il aille querre :
Puis par les ſiens ſurpris en trahiſon
Soit membre à membre occis en ſa maiſon.
 Diſant ainſi : de ſon chef elle arrache
Vn gros touffeau de cheueux qu'elle attache
Contre ſon lit ſigne de chaſteté,
Et que ſon corps n'auoit encor' eſté
Honni d'amour : puis ſa chambre elle baize.
A Dieu maiſon : que i'eſtois à mon aize
Ains que ce traitre & fuitif inconnu
A noſtre bord, naufrage fuſt venu !
Incontinent la fureur & la rage
De Ialouſie emplirent ſon courage,
Et tellement la douleur la ferut
Que par les champs hurlante elle courut.
C'eſtoit le iour que les folles Euantes
Criant Bachus ſeules alloient errantes
(Ayant les corps enuironnez de peaux)
Par les foreſts, par tertres & coupeaux,
Rochers deſers, campagnes & bocages,
Et ſur le bord des ſablonneux riuages.
L'air reſpondoit ſous le bruit enroüé
D'Euan, d'Iach, de Baſſar, d'Euoé.
Ce puiſſant Dieu qui bleſſe les penſées
De trop de vin, les auoit inſenſées :

En ses liens captiue les auoit,
Et la fureur de raison leur seruoit.
Ceste pucelle à qui l'erreur commande,
S'alla ietter au milieu de la bande
Escheuelée & d'vn bras forcené
Branloit vn dard de pampre enuironné.
Qui la premiere (en me suiuant) dit elle,
De ce sanglier respandra la ceruelle,
Et d'vn espieu la premiere en son flanc
Fera la playe? & s'yura de son sang?
Marchon, couron, suiuon comme tempeste
Les pas fourchus de ceste noire beste
Monstre hydeux, qui s'enfuit deuant nous,
Armon noz mains & l'assommon de coups.
Son faux Dæmon auoit pour couuerture
Pris d'vn sanglier la menteuse figure:
(Elle pensoit, tant furieuse estoit,
Que d'vn tel poil Francion se vestoit)
Pource courant d'vne iambe incensée
Apres la beste à la fuite elancée
La poursuiuoit en vain de bord en bord,
Et la suiuant suiuoit mesme sa mort.
Loin du troupeau la premiere est courue
Branlant au poin vne fourche cornue,
Et le sanglier sans qu'on le peust toucher
Alla gaigner le feste d'vn rocher,
Qui sous ses pieds tenoit la mer suiette:
Là ce Dæmon à corps perdu se iette

Dedans

Dedans le gouffre: elle qui s'auança
Pour le tuer comme luy s'élança:
La mer en bruit: trois fois sous l'eau profonde
Son corps alla, trois fois reuint sur l'onde,
Trois fois le flot la reuint abysmer.
Elle mouroit sans les Dieux de la mer,
Qui souleuant la ialouse tombée
Luy ont du corps la parque dérobée,
Et luy perdant sa figure & son nom
L'ont enrollée à la troupe d'Inon,
Et du vieil Glauque à la double naissance.
Dessus les eaux luy ont donné puissance
Faire boufer les vagues & le vent
Nymphe de mer, qui depuis a souuent
Contre Francus poussé sa frenesie,
Encor sous l'eau gardant sa ialousie.

FIN DV TROISIEME LIVRE
DE LA FRANCIADE.

V

LE
QVATRIEME LIVRE
DE LA FRANCIADE.

VAND la nouuelle au
pere fut venüe,
D'ardeur & d'ire vne
bouillante nuë
Pressa son cueur qui me-
nu sanglotoit:
De coups plombez l'e-
stomac se batoit
Pensant, songeant & di-
scourant la sorte
Comme sa fille en la mer estoit morte:
Il soupiroit, & d'vn bourbier fangeux
Deshonoroit sa barbe & ses cheueux:
Tant d'vn penser en l'autre il se foruoye!
Son fils Orée aux oracles enuoye,
Auquel (cherchant d'vn cueur deuotieux
Trois iours entiers la volonté des Dieux
Par meinte offrande en victime immolée)
Telle voix fut du Trepié reuelée.

V ij

Si le Roy veult sa peine soulager
Il ne doit plus d'arondelles loger.
Telle parolle en doute responduë
Fut aisement de ce Prince entenduë.
C'est qu'il deuoit par prudente raison
Les estrangers chasser de sa maison,
Hommes sans foy, pariures, & sans ame,
Et du trespas de sa fille les blasme.
,, En nul païs la foy n'a plus de lieu
Disoit ce Prince, & Iupin le grand Dieu
N'a plus de soin de l'humaine malice,
Et le peché ne craint plus la iustice.
Cét estranger pauure chetif & nu
Vn vif naufrage à ma riue venu,
Couuert d'escume & de bourbe & de sable,
Ah! que i'ay fait compagnon de ma table,
Que i'ay voulu pour mon gendre choisir
Et luy partir ma terre à son plaisir,
Moque mon sceptre? & masqué de feintise
Ma vieille barbe & mes cheueux mesprise,
Et sous couleur d'vn destin ne veut point
Par foy promise aux femmes estre ioint,
Second Paris, pirate qui consomme
Ses ans sur l'eau: toutefois ce preudhomme
Fin artisan de cauteleux moyens
Comme heritier du malheur des Troyens
En toute terre à l'impourueu se ruë,
Seduit des Rois les filles & les tuë:

Puis en faisant ses galeres ramer
Baille le meurdre aux vagues de la mer,
Met voile au vent, le vent qui luy resemble
Pousse sa voile & sa foy toute ensemble:
Et tu le vois, Iupin aux rouges bras,
Tu le vois bien, & ne le punis pas!
Or' pour fouler par vengeance mon ire,
Ie le veux pendre au mast de son nauire
Couuert de soufre & de salpestre ardant,
Afin qu'en l'air tournoyant & pendant
Vestu de flame, il sente consommée
Sa triste vie esteinte de fumée:
Ou bien du corps ses boyaux arracher
Et membre à membre en morceaux les trancher,
Puis les ietter sans droit de sepulture
Parmy les champs, des mâtins la pature.

Que dis-ie? où suis-ie? en quelle folle erreur
Perdant raison me pousse la fureur?
,, Il ne faut pas qu'vn Prince debonnaire
,, Du premier coup s'enflame de colere:
,, Il ne doit croire aux flateurs de leger,
,, Le commun bruit est touiours mensonger.
,, Il doit attendre & sagement connoistre
,, La verité que le temps fait paroistre:
,, I'attendray donq: vn Roy ne doit sentir
,, D'vn pront courroux vn tardif repentir.

Tandis Francus qui la saison espie
Aborde Hyante, & de tels mots la prie:

V iiij

Vierge sans per, dont la grace & les yeux
Peuuent tenter les hommes & les dieux,
Qui sous tes pieds presses serue ma teste,
Qui de mon cueur remportes pour conqueste
L'orgueil premier qui n'auoit point esté
D'vn autre amour que du tien surmonté:
Si la pitié, si l'humble courtoisie
Peut des humains gaigner la fantasie
Soit de mes pleurs ton courage adouci,
Guaris ma playe & me prens à merci.
Quand ie touché ton isle de ma dextre,
Ie ne vins pas, ô destin! afin d'estre
Comme ie suis, miserable amoureux,
Ains pour chasser le peril dangereux
Qui menassoit ma teste du naufrage:
Mourir deuoi-ie au plus fort de l'orage
Puis-que sur terre amour m'est plus amer
Que la tempeste au milieu de la mer?
Contre l'amour inuincible aduersaire
I'ay resisté, mais en vain: car l'vlcere
S'en-aigrissoit plus ie voulois celer
Le mal qu'il faut par force reueler.
,, L'homme seroit heureux en toute chose
,, S'il ne cachoit au fond de l'ame enclose
,, La passion que nous engendre Amour
,, Qui de la vie embrunit le beau iour,
,, Et verse au cueur par mauuaise coutume
,, Bien peu de miel & beaucoup d'amertume:

LA FRANCIADE.

Et toutefois la raifon & les yeux
Nous font aimer! s'il eſt ainſi, ô Dieux,
Que l'amour ſoit aux veines eſpanduë
Par la raiſon, vous l'auez cher venduë.
Heureux trois fois, voire quatre vn rocher
Qui ſans tendons, ſans muſcles & ſans chair
Vit inſenſible, & qui n'a l'ame atteinte
D'amour, de haine, ou de ſoin ou de crainte :
Ie voudrois eſtre en quelque riue ainſi !
Ie viurois dur ſans peine & ſans ſouci,
Ou maintenant par trop de connoiſſance
Ie ſens mon mal, & ſi ie n'ay puiſſance
De deliurer mon eſprit outragé
Que tes beaux yeux retiennent engagé.
Il diſt ainſi : meinte larme roulée
Onde ſur onde en ſon ſein eſt coulée.

 Hyante alors ſoupirant d'autre part
Contre-reſpond : Troyen il eſt trop tard
Pour deuiſer, & la nuit ſommeilleuſe
De noz propos eſt ce ſemble enuieuſe,
Chacun nous voit & iette l'œil ſur nous :
,, Du fait d'autruy le vulgaire eſt ialoux :
Allon dormir, la nuit nous le conſeille.
Si le matin dés l'Aurore vermeille
Te plait venir au bocage ſacré
Où mes ayeux au beau milieu d'vn pré
Ont fait baſtir d'Hecate le grand temple,
Plus priuément en imitant l'exemple

Des amoureux, tu me diras ton foin,
Et i'en prendray la Déeffe à tefmoin.
Ainfi difant, main en main fe prefferent
Et tous honteux à regret fe laifferent:
Mais le fouci ne laiffa fans gemir
Les deux amans toute la nuit dormir.

   Quand le Soleil perruqué de lumiere
Eut de Thetis fa vieille nourriffiere
En fe leuant abandonné les eaux,
Et fait grimper contre-mont fes cheuaux,
Et que l'Aurore à la main fafranée
Eut annoncé la clarté retournée,
Le foin d'amour qui poignant trauailla
La belle Hyante, au matin l'efueilla,
Et pour aller au lieu de la promeffe
Se reueftit d'vn habit de Princeffe:
En cent façons fon chef elle peigna,
D'eau de fenteurs fon vifage baigna,
Prift vn collet ouuert à rare voye
Entre-broché de fils d'or & de foye,
Rare, fubtil, à long plis bien tiffus:
Puis vn beau guimple afubla par deffus
Prime, dougé, fillé de main fçauante
Qui la couuroit du chef iufqu'à la plante:
Son col d'iuoire honora d'vn carquan
Fait en ferpent, ombragé de Vulcan
D'or & d'email, merueille elabourée,
Qu'il fit iadis pour la Déeffe Rhée,

                          Et

LA FRANCIADE.

Et Rhée à Nede en present le bailla,
De ce serpent tout le dos escailla
En arc-enciel, si bien que la facture
De l'artisan surmontoit la nature.
De Nede apres vn Corybante l'eut,
Puis à Dicée en partage il escheut,
Qui pour garder tel bien à sa famille
L'auoit donné dés long temps à sa fille.

Hyante adonq fit son coche ateler
D'ardeur de femme enuieuse d'aller
Au lieu promis : & lors douze pucelles
De ses segrets ministres plus fidelles,
Qui dés enfance en tous lieux la suiuoyent
Et de son corps songneuse garde auoient,
D'vn pié leger dedans l'estable allerent,
Hastent leurs mains, & le coche atelerent.
A chaque rouë ils entent le moyeu,
Douze rayons font passer au milieu
Iusqu'à la gente, & autour de la gente
Mettent d'airain vne bande pesante,
La garde-rouë, où des cloux argentez
A grosse teste en ordre estoient plantez.
Au limon d'or couple à couple ils attachent
Quatre iumens souple-iarrets, qui marchent
D'vn pas venteux, & font dessous leurs pieds
Voler menu les sablons deliez.
Elle monta : vne main tient la bride,
L'autre le fouët, ses iuments elle guide

X

Par le chemin les pouſſant en auant,
Qui de leur gré couroient pluſtoſt que vent.
Quand les iuments au temple l'ont renduë,
Soudain à bas du char eſt deſcenduë,
Oſta leur bride: elles non guiere loin
En haniſſant vont paiſtre le ſaint-foin,
Le thin, le trefle, & de manger fachées
Se ſont ſur l'herbe au frais de l'eau couchées.
Le temple eſtoit d'vn taillis couronné,
Et le taillis de prez enuironné,
Où l'amoureuſe apres le ſacrifice
Qu'elle deuoit, controuue vne malice,
Ce fut ſ'aſſoir, & faire d'vn grand tour
Comme elle aſſoir ſes filles à l'entour.
Il n'eſt pas temps, cher troupeau que i'honore,
De retourner à la maiſon encore,
Sur l'herbe tendre il vaut mieux ſeiourner,
Au frais du iour nous pourrons retourner,
Chanton, dançon, que chacune ſ'auance,
Et la carolle elle meſme commence.
Mais bal ni fleurs, ni autres paſſetemps
Ne luy plaiſoient: ſes beaux yeux inconſtans
Touiours au guet ſ'eſcartoient en arriere
Sur les chemins, pour voir ſi la pouſsiere
Deſſous Francus iroit point s'eſleuant:
A chaque bruit, à chaque flair de vent
Elle trembloit, & ſans eſtre aſſurée
D'yeux & d'eſprit erroit toute eſgarée.

De bon matin Francus qui s'esueilla,
De ses habits en Troyen s'habilla:
Prist son turban enflé d'espaisses bandes,
De son habit les houpes estoient grandes,
Qui de longs plis aux pieds luy descendoit,
Sa cimeterre à cloux d'argent pendoit
Dans vne gaine au burin emaillée,
Qu'Hector auoit à son frere baillée
Par amitié, car sur tous il l'aimoit
Et sa vaillance & son art estimoit.
Or' Helenin qui auoit par grand cure
Nourri Francus, luy donna la ceinture
Quand il partit se souuenant d'Hector:
A la ceinture il aioingnit encor
Vn beau poignart à houpes bien perlées
Qu'en ce iouant Helene auoit filées.
Iamais enfant, iamais neueu des Dieux
N'eut le maintien, la bouche, ni les yeux
Si beaux qu'auoit Francus cette iournée:
Telle beauté du ciel luy fut donnée,
L'œil pour gaigner, la bouche pour sçauoir
En discourant sa maistresse esmouuoir.
A son costé menoit pour compagnie
Le viel Amblois dont l'ame estoit garnie
De prophetie, & outre il auoit soin
De conseiller ses amis au besoin.
Pres le chemin sur le bord de la plaine
Vn orme fust dont la cyme estoit pleine

X ij

De meinte branche, où les corbeaux au soir
Prenoient leur perche, & se souloient assoir.
Là de fortune importun aux oreilles
Iasoit sous l'ombre vn troupeau de corneilles:
L'vne se hausse, & comme en se iouant
Coup dessus coup ses aisles les secouant,
Et herissant le noir de son plumage
En voix humaine eschangea son langage.
Ah! où vas-tu vieil prophete insensé,
Faux deuineur, qui niais n'as pensé
Bien que tu sois prudent en toute chose,
Que la pucelle aura la bouche close,
Et tout le cueur reuesche & rechigné,
Si elle voit l'amant accompagné:
Maudit deuin tourne le pas arriere,
Laisse le seul vser de sa priere,
Et leur deuis, compagnon, ne deffens:
Tu ne scais pas cela que les enfans
N'ignorent point? va, iamais Cytherée
De sa faueur n'a ton ame inspirée.
Le vieil Amblois qui telle voix ouït
Dedans le cueur soudain s'en resiouït,
Et connut bien la corneille esuantée
Auoir d'vn Dieu la parolle empruntée.
Pource en tournant sur le trac de ses pas
Dist à Francus: Prince amoureux tu n'as
Besoin de guide: vn Dieu qui te suporte
En lieu de moy te sert d'heureuse escorte:

De tes souhais ton cueur sera content,
Sans nul refus la pucelle t'attend
Obeïssante & preste à te complaire,
Par doux propos commence ton affaire:
,, Sois doux en tout: le desdain genereux
,, D'vne fille aime le courtois amoureux.
　Francus luisant de beautez & de grace
Luy aparut d'vne colline basse
Beau comme Amour: les rayons de ses yeux
Estoient pareils à cest astre des cieux
Qui bien nourri de l'humeur mariniere
Iette de nuit vne espaisse lumiere,
Et de rayons redoutables & crains
Verse la soif & la fieure aux humains,
Et de son front efface chaque estoille.
Elle qui tint dessus la face vn voile
Par le trauers du crespe l'aperceut:
A donq vn trait en l'ame elle receut,
Son cueur luy bat au fond de la poitrine
Ses pieds tenus comme d'vne racine
Ne remuoient ni deçà ni delà.
Dessus sa iouë vne rougeur alla
Chaude de honte: vne froide gelée
Sur ses genous lentement est coulée,
Et ne scay quelle ombrageuse obscurté
De ses beaux yeux offusqua la clarté,
Et tout le corps comme fueille luy tramble.
Ils sont long temps sans deuiser ensemble

Tous deux muets, l'vn deuant l'autre asis:
Ainsi qu'on voit deux palmes vis à vis
Des deux costez plantez sur vn riuage
Ne remuer ni cyme ni fueillage
Cois & sans bruit en attendant le vent:
Mais quand il soufle & les pousse en auant
L'vn pres de l'autre en murmurant se iettent
Cyme sur cyme & ensemble caquettent:
Ainsi deuoient babiller à leur tour
Les deux amans dessous le vent d'amour.
Francus venu, la compagnie attainte
De froide peur, se recula de crainte,
Et se muffant sous le bocage ombreux
En leurs deuis les laisserent tous deux.

 L'amant vit bien dés la premiere œillade
Que l'amoureuse au cueur estoit malade:
Que son esprit cherchoit de s'enuoler:
Pource il la flate & commence à parler.
Chasse la peur & la rougeur qui monte
Dessus ton front, tu ne dois auoir honte
De parler seule à moy seul estranger,
Ie ne vien pas, vierge, pour t'outrager,
Mais pour t'aimer: & mon humble courage
Ne semble point à ceux du premier age
Fiers estrangers, Hercules & Iason
Qui rauissoient les filles de maison:
Telle insolence au cueur n'est point entrée
D'vn qui n'a lieu ni terre ni contrée,

LA FRANCIADE. 84

A qui le ciel le iour va deniant.
Ie suis helas! estranger, & priant,
Le grand Iupin à telles gens preside
Et sous sa main les conserue & les guide,
Pere commun les deffend contre tous:
Pource au besoin i'embrasse tes genoux,
Imitant Dieu sois vierge secourable
A moy fuitif priant & miserable.
Iadis Ariadne en ce royaume ici
Prise d'amour prist Thesée à merci:
Victorieux sans danger le renuoye
Par vn filet qui conduisoit sa voye:
,, Vn gentil cueur aide touiours autruy!
Pour tel bien fait elle encore auiourduy
Flamboye au ciel, & ses yeux manifestes
Roulent de nuit par les voutes celestes.
Ie ne requiers richesses ni thresors,
Ni grand empire enflé de larges bors:
Ie veux sans plus que ta bonté me fasse
Voir ces grans Rois qui naistront de ma race,
Et par sur tous vn Charles de Valois
Qui tout le monde enuoira sous ses loix.
Pour vn tel Roy toute peine m'est douce,
Le vent m'est doux: la mer qui se courrouce
Contre mon chef ne m'offence, pourueu
Que de moy naisse vn si puissant neueu.
Ie batiray pour telle recompense
Meint temple fait de roialle despense

En ton honneur: & si ie puis iamais
Aborder Seine, icy ie te promets
Par ton Hecate & par ses triples testes:
Que tous les ans en solennelles festes
A iours certains ie te feray des ieux,
Où sur la lyre à iamais noz neueux
Par vers chantez diront ta renommée,
Et s'il te plaist espouse estre nommée
D'vn fugitif, ie te donne la foy
De n'espouser autre femme que toy.
Tu me diras, douteuse d'esperance
Qu'vn estranger erre sans asseurance,
Et que la voile au premier vent qui vient
L'emporte ensemble & sa foy qui ne tient
Ni iurement ni conuenance aucune,
Et que tout fuit au vouloir de Neptune:
Ie le sçay bien, mais las! ie ne suis tel:
Tesmoin en soit le Soleil immortel
Qui de ses yeux toute chose regarde,
Si mon serment enuers toy ie ne garde:
Iamais son iour ne me soit departi
Et vif puissé-ie en terre estre englouti.
Tu me diras, comme Princesse fiere,
Que ie ne puis asigner ton douëre
Que sur la mer, mes erreurs & le vent,
Sur vn destin qui me va deceuant,
Qui me promet, & iamais ne me baille
Qu'vn long souci qui touiours me trauaille.

LA FRANCIADE.

Ie le sçay bien: mais c'est beaucoup encor
De te donner pour ton beau pere Hector,
Pâris pour oncle, & Priam pour grand pere,
Qui peust iadis, quand fortune prospere
Le caressoit, l'orient surmonter:
Entre les tiens c'est beaucoup de conter
Teucre, Assarac, & l'ancienne race
Du vieil Dardan qui au ciel a sa place.
Ie te suply par ta ieune beauté,
Par ton beau port qui sent sa royauté,
Par ton Orée, & par la vieille teste
Du pere tien accorder ma requeste.
 Ainsi disoit Francus en la loüant:
D'aize qu'ell' eust son cueur s'alloit ioüant
,, En l'estomac: toute femme douée
,, De grand beauté desire estre louée.
Beau comme vn Dieu Francus luy paroissoit:
Mais rien au cueur si fort ne la pressoit
Que le saint nom du promis mariage,
S'en souuenant elle ardoit d'auantage,
Et consommoit sa vigueur peu à peu
Comme la cire à la chaleur du feu.
Elle vouloit, tant le plaisir l'affolle,
Tout à la fois dégorger sa parolle,
Et ne pouuoit sa langue démesler,
Tant tout d'vn coup elle vouloit parler:
Aucunefois comme vn homme qui erre
D'esprit troublé, deuant ses pieds à terre

Y

Fichoit les yeux demy-clos & honteux,
Aucunefois de larmes tous moiteux
Les rehaussoit & baissoit tout ensemble,
Et d'vn soub-ris qui de douceur resemble
Au plus doux miel, porté par le sourci,
Sans dire mot tesmoignoit son souci:
Mais à la fin en telle peine extreme
Honte la fit consulter à soy mesme.

Vn mal au mien ne se trouue pareil,
En mon malheur i'ay perdu le conseil:
Vn nouueau feu par force me consomme,
,, Rien n'est si fort que la douleur qu'on nomme
,, Le mal d'aimer. ie me trauaille en vain
Et si ne puis l'arracher de mon sein.
D'vn puissant trait ma raison est forcée:
Oste du cueur la flame commencée
Si tu le peux, & constante defens
Que les braziers ne s'alument plus grans.
Ie guarirois si ie le pouuois faire.
Vn Dieu plus fort me repousse au contraire:
Du ciel me vient ce desastre fatal,
,, Ie voy le bien & ie choisis le mal.
Le traistre amour me conseille vne chose,
Et la raison vne autre me propose:
Ie ne sçaurois me resoudre, & ne puis
Me commander, tant douteuse ie suis?
Pour mon espoux vn banni dois-ie suiure?
Et par les vens, par les tempestes viure

Comme vn plongeon porté du flot amer
Qui prend sa vie & sa mort en la mer?
Non, ceste terre où i'ay mon parentage,
Me peut donner vn riche mariage,
Et sans me perdre au gré de mon plaisir
Ie peux en Crete autre mary choisir,
Riche de biens de race noble, & forte.
Ah! ie me trompe, & mon isle ne porte
Des fils d'Hector, & quand elle en auroit
Nul egaler sa vertu ne pourroit
Ni sa beauté ni sa ieunesse tendre,
Armes d'amour, qui prise me font rendre.
Vaut-il pas mieux franche me deslier
De tant d'amour que mon pere oublier
Pour vn fuitif, qui n'a point de demeure,
De foy, de loy? mourir puisse-ie à l'heure
Qu'en destachant de honte le bandeau
Ie presseray de mes pieds son bateau,
Sans auoir soin des vergongneux diffames
Que mes parens les filles & les femmes
Me ietteroient: Hyante pour n'auoir
Ni iugement, ni raison, ni sçauoir,
Brute, lasciue, amoureuse, incensée
A ses amis & sa terre laissée
Pour vn banni qui traistre la deçoit!
Et si son mal aueugle n'aperçoit.
Par les citez ira ma renommée
De bouche en bouche en vergongne semée.

Y ij

Ie n'oseray par les danses baler.
Honte & despit retiendront mon parler,
Et par les lieux ou sera l'assemblée
Des iouuenceaux, i'auray l'ame troublée,
Fable de tous, des tables le propos:
Et lors la terre engloutisse mes os!
Fuyez amours, mignardises, delices,
Regards, atrais, surprises & blandices,
Honte & honneur venez de mon costé,
Venez Vertu dont Amour est donté.
Que dis-ie helas! il n'a pas la nature
D'homme meschant, & si la coniecture
En regardant son front ne me deçoit,
La cruauté si beau corps ne reçoit:
Dedans son ame vn rocher il ne porte,
Et ce penser mon trauail reconforte:
„ Au pis aller c'est vn plaisant malheur
„ De secourir quelcun en sa douleur.
  Ainsi pensoit d'amour toute affolée:
Francus vit bien qu'elle estoit esbranlée,
Pource en touchant son menton de rechef
Et ses genoux, l'adiura par le chef
De Proserpine, acorder sa priere
Ayant pitié de sa triste misere.
Hyante songe à part soy longuement
Comme vn qui resue & qui n'a sentiment,
Puis en sursaut de son destin pressée
Se reueilla d'vne longue pensée:

LA FRANCIADE.

Lors de son front la honte s'en alla,
Et prenant cueur ainsi elle parla
Chaude d'amour qui au sang luy commande.
   Non seulement ie feray ta demande
Amy Troyen, & cognoistras par moy
Ces puissans Rois qui sortiront de toy.
Mais qui plus est, si tu auois enuie
D'auoir mon sang, mes poumons & ma vie,
Mon estomac en deux ie t'ouurirois
Et pour present ie te les offrirois.
Or il te faut pour chose necessaire
Sçauoir deuant cela que tu dois faire,
Afin, Troyen que les espris d'embas
Fantaumes vains, ne t'espouuantent pas,
Et que ton ame en rien ne soit attainte
En les voyant, de frayeur ni de crainte.
Sorton d'icy afin de te monstrer
Où les espris te viendront rencontrer:
Leue les yeux, & regarde à main dextre,
Voy ce valon tout desert & champestre,
Là tu viendras apres trois iours au soir
Quand le Soleil en l'eau se laisse choir:
Ie m'en iray par mons & par valées
Trois iours entiers, par forests reculées,
Riues, rochers, & du peuple bien loin,
D'vn courbe airain seule i'auray le soin
Couper à ieun les herbes & les plantes,
Et d'inuoquer les Deitez puissantes

Y iij

LE IIII. LIVRE DE

Pluton, Cerbere, Hecate & tous les Dieux
Qui sont seigneurs des manoirs stygieux.
Trois iours finis, tirant à la vesprée
Dans le valon en la place monstrée
I'aparoistray: sois diligent & caut
A preparer de ta part ce qu'il faut.
 Premierement arreste en ta memoire
De ne venir sans meinte brebis noire
Qui soit sterile: ameine à noire peau
Vaches, & porcs, les plus gras du troupeau:
Ta robe soit d'vne personne veuue:
L'aue ton corps dans le courant d'vn fleuue
Par trois matins, & trois fois en priant
Et l'Occident regarde & l'Orient:
De masle encens & de soufre qui fume
Puant au nez, tout le corps te parfume:
Ayes le chef de pauot couronné,
Et tout le corps de veruene entourné:
Masche du sel, & pour quelque lumiere
Qui s'obscurcisse espaisse de fumiere,
Ni pour les feux, de salpestre fumeux,
Ni pour l'abboy des matins escumeux,
Ni pour le cri des idoles menuës
Qui sortiront comme petites nuës
Ne sois peureux, & sans trembler d'effroy
Ne tourne point les yeux derriere toy:
Car si craintif tu retournes la face
Tout est perdu: au milieu de la place

LA FRANCIADE.

Fay vne foſſe aſſez large, où dedans
Le ſang verſé des victimes reſpans
Tiede & fumeux, & tout enſemble meſle
Du vin, du lait & du miel peſle-meſle.
Quand tu verras que les eſpris voudront
Boire le ſang, & qu'eſpais ſe tiendront
Pres de la foſſe au ſang toute trempée,
Hors du fourreau tire ta large eſpée
Et fais ſemblant de les vouloir trancher,
Car ils ont peur qu'on ne coupe leur chair.
Adonc ayant l'ame toute groſsie
De la fureur qui vient de prophetie
Ie te montray la plus grand part de ceux
Qui ſortiront enfans de tes neueux :
Ie te diray quelque part de leurs geſtes
Mais non pas tout : les puiſſances celeſtes
Ne veulent point qu'vne mortelle voix
Les faits humains chante tout à la fois.
Or ie ſçay bien qu'apres t'auoir monſtrée
Ta race helas! tu fuiras ma contrée
Comme Theſée abandonnant ta foy.
A tout le moins Francus ſouuienne toy
De ton Hyante & de ta foy promiſe :
Quand ie ſerois deſſous les ombres miſe,
Maugré la mort, maugré toute rigueur
I'auray touiours ton portraict dans le cueur,
Et tes beautez dont priſe tu me lies :
Et s'il auient ingrat que tu m'oublies,

Puisse-ie alors vn oyseau deuenir
Pour de mon nom te faire souuenir
Volant sur toy: & peut estre qu'à l'heure
Auras pitié de moy pauure qui pleure
Pour ton depart qu'arrester ie ne puis:
Car ton destin est plus que ie ne suis.
Ainsi disant pressez s'entr'acolerent,
Puis au logis par deux chemins allerent:
Elle en son char monte sans y monter,
Son foible esprit se laissoit emporter
Apres Francus, & toute froide & blesme
En son logis retourna sans soymesme.

Au iour promis Francus ne faillit pas:
Il a choisi du troupeau le plus gras
Et le plus grand, trois ienisses vestues
De noire peau, aux cornes bien tortues,
Au large front, à l'œil grand & ardant,
Et dont la queuë auoit le bout pendant
Iusques à terre, & sans coups les ameine:
Puis trois brebis grosses de noire laine,
A langue blanche, à qui l'œil tressailloit,
Offrande entiere où rien ne deffailloit,
Que le belier n'auoit iamais connuës,
Grasses brebis bien noires & peluës;
Prist vn fuzil & frayant de meins coups
Dru & menu l'acier sur les caillous
En fist iallir vn millier de flammesches
Deçà delà sur des estoupes seiches:

Puis

LA FRANCIADE.

Puis en fouflant la matiere enflamma,
Vn petit feu de geneure aluma
Qui deuinft grand nourri par la pafture
De bois de pin gommeux de fa nature :
De pauot, d'ache & d'encens tour à tour
Il parfuma tout le ciel d'alentour,
Et de cygue, & faifoit de leurs braifes
Sortir vn flair dont les Demons font aifes:
Car ils ne vont ni mangeant ni beuuant,
Ils font nourris de vapeur & de vent.
 Sous le valon s'efleuoit vn bocage
Branche fur branche efpaifsi de fueillage,
Dont les cheueux par le fer non tondus
S'entr-ombrageoient l'vn fur l'autre efpandus:
Perfez n'eftoient ni de l'aube premiere
Ni du midy: vne chiche lumiere
D'vn iour blafart au dedans paliffoit,
Et d'ombre trifte afreux fe heriffoit.
Pres le bocage vne foffe cauée
Eftoit profonde en abifme creuée,
Beante au ciel, ouuerte d'vn grand tour,
Qui corrompoit la lumiere du iour
D'vne vapeur noire graffe & puante,
Que nul oyfeau de fon aifle volante
N'euft fceu paffer, tant le ciel ombrageux
S'efpaifsiffoit de flames & de feux,
Et de vapeurs pefle-mefle alumées
A gros bouillons ondoyans de fumées.

Z.

De là meins cris, meins trainemens de fer,
Et meint feu fort, le soupirail d'Enfer.
Pres cét abisme en horreur débordée
Creusa la place en haut d'vne coudée
De toutes pars l'eslargissant en rond :
Puis la victime attira par le front,
Les yeux tournez vers l'Occident, & pousse
Les noirs toreaux sur le bord de la fousse
De la main gauche, & le poil qui vestoit
Le front cornu des bestes il iettoit
Dedans le creux de la place, & respanche
Du miel, du lait, de la farine blanche
De mandragore, & brouillant tout cela
En murmurant trois fois les remesla.
Lors en tirant de sa gaine iuoirine
Vn grand couteau, le cache en la poitrine
De la victime & le cœur luy chercha :
Dessus sa playe à terre elle broncha
En trepaignant, le sang rouge il amasse
Dedans le rond d'vne profonde tasse :
Puis le renuerse en la fosse à trois fois
L'espée au poin : priant à haute voix
La Roine Hecate & toutes les familles
Du bas Enfer qui de la Nuit sont filles,
Le froid Abysme, & l'ardant Phlegeton,
Styx & Cocyt, Proserpine & Pluton,
L'horreur, la peur, les ombres, le silence,
Et le chaos qui fait sa demeurance

LA FRANCIADE.

Dessous la terre en la profonde nuit,
Voisin d'Erebe où le Soleil ne luit.
    Il acheuoit, quand vn effroy luy serre
Tout l'estomac : vn tremblement de terre
Se creuassant par les champs se fendit,
Vn long abboy des mâtins s'entendit
Par le bocage, & Hyante est venuë
Comme vn esprit affublé d'vne nuë.
Voicy, disoit, la Déesse venir :
Ie sens Hecate horrible me tenir
Cueur, sang & foye, & sa force puissante
Tout le cerueau me frape & me tourmente.
Tant plus ie veux alenter son ardeur,
Plus d'aiguillons elle me lance au cueur
Me transportant, si bien que ie n'ay veine
Ni nerf sur moy ni ame qui soit saine :
Car mon esprit qui le Demon reçoit
Rien que fureur & horreur ne conçoit,
A tant retint sa parolle esuolée
Donnant repos à son ame esbranlée,
Puis coup sur coup le Demon luy reprit
Le sang, le cueur, la ceruelle & l'esprit :
Plus que deuant vne rage l'alume,
Elle aparut plus grand' que de coustume,
De teste en pié le corps luy frissonnoit,
Rien de mortel sa langue ne sonnoit,
Le vent par l'air ses cheueux luy enmeine,
Son estomac s'esuantoit d'vne haleine

Courte & pantoise, & ses yeux qui trembloient
Deux grands flambeaux alumez ressembloient.
Lors en rouant ses yeux à demy-morte
Deuers Francus, luy dist en telle sorte.
  Prince Troyen inuaincu de trauaux,
Qui sur la mer as souffert mille maux
Et qui en dois par longue & longue guerre
Souffrir encor de plus grands sur la terre;
En Gaule iras, mais tu ne voudrois pas
Y estre allé: mille & mille trespas,
Mille peris plus aigus que tempeste
Desia tous prests te pendent sur la teste.
Comme ton pere en deffendant son fort
Conneust Aiax & Achille le fort
Fils inuaincu d'immortelle Déesse,
Ainsi couuert d'vne estrangeté presse
Dois quelque iour connoistre à ton malheur
Mille ennemis d'inuincible valeur,
Si que le cours de la Gauloise Seine
Du sang Troyen voirra sa riue pleine
De cheualiers, de cheuaux renuersez
Et de bouclairs d'outre en outre persez.
Mais par sur tout garde toy que le fleuue
D'Aine en ses eaux pour iamais ne t'abreuue,
Et que Remus sous ombre de vouloir
Te marier, ne te face douloir.
,, La gloire humaine en fin est perissante:
,, Et touiours meurt toute chose naissante.

LA FRANCIADE.

,, Pren cueur au reste; auecque la vertu
,, Tu vaincras tout par le glaiue pointu!
Toy paruenu vers la froide partie
Où la Hongrie est iointe à la Scythie,
Tu bastiras pres le bord Istrien
Seiour des tiens, le mur Sycambrien,
Que tes enfans en longue & longue race
Tiendront apres pour leur royalle place.
Le bon Hymen ayant souci de toy
Te doit conioindre à la fille du Roy
Qui regira sous sa dextre garnie
D'vn iuste fer, les champs de Pannonie.
Le grand Soleil n'a point veu de ses yeux
Enfant si preux ni si victorieux
Que tes enfans tous chargez de trophées
Ayant de Mars les ames eschaufées.
Par meinte guerre & meinte donteront
Huns, Gots, Alains, & au chef porteront
Mille lauriers, en signe de conqueste
Qu'à leurs voisins auront froissé la teste.
Ia deux mille ans auront fini leur tour
Quand ta Sycambre & les lieux d'alentour
Seront laissez de ta race germaine
Conduite en sort par vn grand Capitaine,
Qui par l'obscur des ombres de la nuit
Verra dormant vn fantaume en son lit:
,, De Dieu certain çà bas viennent les songes,
,, Et Dieu n'est pas artizan de mensonges.

Ce grand fantofme aura trois chefs diuers,
L'vn de choüan aux yeux ardans & pers,
L'autre d'vn aigle, & l'autre a la figure
D'vn grand lion à la machoire dure:
Puis tous ces trois en vn s'affembleront,
Et ces trois corps vn homme fembleront
Qui murmurant fe voudra faire entendre:
Mais Marcomir' ne le pourra comprendre.
Voulant fçauoir comme Prince auifé,
Que denotoit ce monftre deuifé,
Ira trouuer vne vieille prophete
Qui fut du fonge infallible interprete.
C'eft qu'il falloit par le confeil des Dieux
Laiffer Sicambre & chercher autres lieux,
Et s'en aller vers le Rhin, où la Gaule
Du Roy Brutus n'entre-uoit que l'efpaule,
Et rechercher fes anciens amis
Qui dés long temps leurs fiege' y auoyent mis
Seigneurs du Rhin, où fa corne beffonne
D'vn large cours dedans la mer fe donne.
Donc amaffant fon peuple & le rangeant
Sous trois cens Ducs, hautain ira chargeant
Le cueur des fiens de guerrieres menaces
Et tout leurs corps de fer & de cuiraces:
Mars en leurs cueurs fera fi bien entré
Qu'ils laifferont leurs maifons de bon gré,
Prenant congé des vieux Dieux de la terre:
Loin deuant eux courra la trifte guerre:

LA FRANCIADE.

Des laboureurs les champs abandonnez
Dessous leurs pieds trambleront estonnez,
Et des ruisseaux les courses enserrées
N'estancheront leurs gorges alterées
Presque espuisez iusqu'aux profond des eaux
Ou soit par eux, ou soit par leurs cheuaux,
Peuple inuaincu en toutes sortes d'armes,
Vaillans pietons, cheualeureux gendarmes,
Fiers, courageux, au cueur gros & ardent,
Qui d'Orient iusques à l'Occident
Victorieux espandront leurs armées.
Les champs de Tyr, les terres Idumées
Les connoistront, & toy fleuue qui fuis
Dedans la mer dégorgé par sept huis :
Et d'Apollon la roche inaccessible
Connoistra bien leur puissance inuincible :
Voire tous Rois se verront surmontez
Si les Gaulois ne sont de leurs costez.
Or à la fin de troupe plus espaisse
Que n'est la neige ou la gresle, que presse
Le vend d'hyuer, qui bond à bond se suit
Ensur le toict des maisons fait grand bruit :
Et plus espais que fueilles d'vn bocage
Du Rhin venteux gaigneront le riuage :
Puis surmontant par l'effort du harnois
Phrysons, Gueldrois, Zelandois, Holandois,
Verront la Meuse, & par forte puissance
De leurs voisins prendront obeïssance,

De toutes pars aimez & redoutez
Comme guerriers aux armes indontez,
Terreur des Rois, & des fortes murailles.
Sous Marcomire auront longues batailles
A leurs voisins: & de ce Duc ie veux
De pere en fils te monstrer les neueux,
Et les enfans issus de ta lignée
Par qui la Gaule vn iour sera gaignée,
Et qui tiendront (sang Troyen & Germain)
Le sceptre entier laissé de main en main.
A tant la vierge vn petit se repose
Et Francion luy demande autre chose.

 Vierge l'honneur des Dames & de moy,
Toute diuine, heureux germe de Roy,
Ie te suply prophete veritable,
Sage en conseil, di moy s'il est croyable
Que les espris qui sont sortis de hors
De leurs vieux corps r'entrent en nouueaux corps?
Quelle fureur? quelle maudite enuie
Les tient ainsi de retourner en vie?
Et d'où leur vient ce furieux amour
Que de reuoir encore vn coup le iour?
Se reuestant de muscles & de veines
Pour resouffrir tant de nouuelles peines?
Et quand doit l'homme esperer vn repos
Si despouillé de chair, de nerfs & d'os,
Mesme au tombeau le repos il ne treuue,
Et d'vne peau en recherche vne neuue?

Donques

Donques la mort n'est la fin de noz maux,
Puisqu'en mourant de trauaux en trauaux
Nous reuiuons pour changer à toute heure
Errans sans fin, sans repos ni demeure.
A tant se teut: Elle qui l'entendit
D'vn haut discours luy contre-respondit.
 Seigneur Troyen, tout ce qui vit au monde
Est composé de la terre & de l'onde,
D'air & de feu, (membres de l'vniuers)
Et bien qu'ils soient quatre elemens diuers
Ils sont entr'eux liez de telle sorte
Que l'vn à l'autre enchainé se raporte,
Et s'empruntant d'vn accord se refont,
Et changeant d'vn en l'autre s'en reuont.
Or' tout ainsi que l'homme sans vne ame
(Ame sur'ion de la diuine flame)
Ne pourroit viure, ains mourroit sans auoir
Vn esprit vif qui le corps fait mouuoir,
Et chaut & pront par les membres a place:
Ainsi la grande vniuerselle mace
Verroit mourir ses membres discordans
S'elle n'auoit vn esprit au dedans
Infus partout qui l'agite & remuë
Par qui sa course en vie est maintenuë,
Esprit actif meslé dans le grand Tout
Qui n'a milieu, commencement ni bout.
Des elemens corruptible matiere
Et du grand Dieu dont l'essence est entiere

Incorruptible, immortelle, & qui fait
Viure par luy tout ce monde parfait
Vient nostre genre: & les poissons qui nouënt,
Et les oyseaux qui parmy l'air se iouënt,
Les habitans des bocages ombreux,
Et les serpens qui viuent en leurs creux,
Voire du ciel les diuerses puissances,
Tous ses Demons & ses intelligences
Vont de ces deux comme nous se formant,
De Dieu l'esprit, le corps de l'element.
De là nous vient la tristesse & la crainte,
De là la ioye en noz cueurs est empreinte,
L'amour, la haine, & les ambitions:
De là se font toutes noz passions.
Or de noz corps la qualité diuerse
Empesche & nuit que nostre ame n'exerce
Sa viue force enclose en la maison
De terre, ainçois en la morne prison
Des membres froids qui la chargent & pressent,
Et vers le ciel retourner ne la laissent,
Tant le fardeau terrestre & otieux
Ne luy permet de reuoler aux cieux.
Elle d'en-haut nostre hostesse venuë
Est par contrainte en noz corps detenuë,
Où n'employant sa premiere vigueur
Par habitude & par trait de longueur
Consent au corps, & faut qu'en despit d'elle
S'estant infuse en la chair corporelle

Elle se souille, & honnisse aux pechez
Dont les humains ont les corps entachez.
Or quand la mort aux hommes familiere
Dissipe au vent nostre douce lumiere,
L'ame pourtant apres le froid trespas
Laissant son corps, son taq ne laisse pas
Ni sa souillure : elle emporte l'ordure
Emprainte en soy qui longuement luy dure :
Pource aux Enfers comme vn songe leger
Elle devale, afin de se purger
Et nettoyer sa macule imprimée
Qu'elle receut dans le corps enfermée.
En l'air, en l'eau, par le feu, dans le vent
Vont expiant & purgeant & lauant
Les vieux delicts de leurs fautes commises
A l'examen de Radamanth' soumises :
En ces tourmens ardens & violans
L'vne est mille ans, & l'autre deux mil ans,
L'autre trois mil, & ne sont soulagées
Qu'elles ne soient parfaitement purgées,
Et que la tache adherante ne soit
Nette au souffrir le mal qu'elle reçoit.
Quand vn long temps de siecles & d'années
L'vne sur l'autre à courses retournées
Ont nettoyé la macule, & ont fait
L'esprit diuin estre pur & parfait,
Et que le feu de tressimple nature
Ne tient plus rien de la terrestre ordure,

Aa ij

LE IIII. LIVRE DE

Pur tout ainſi comme il eſtoit alors
Premierement qu'entrer en noſtre corps:
Adonq Mercure à la verge d'iuoire
Les contraignant, au fleuue les fait boire,
Fleuue qui fait toute choſe oublier:
Car autrement ne ſe voudroient lier
En nouueaux corps s'ils auoient ſouuenance
Des maux paſſez dont ils font penitence.
Ainſi qu'aigneaux en troupes amaſſez
Par le baſton de Mercure pouſſez
Les ames vont ſur la riue guidées
Boire le fleuue à friandes ondées:
Puis à l'inſtant perdent tout ſouuenir.
Lors vn deſir les prend de reuenir,
Et de reuoir leur liaizon premiere,
Et du Soleil la celeſte lumiere.
  A tant ſe teut: Francion tout ſoudain
Prend de rechef vn couſteau dans la main,
Et d'vne truye infertille & brehaigne
Ouure la gorge, en tombant elle ſeigne
Deſſus la terre, où le ſang renuerſé
Tiede fuma ſur le creux du foſſé,
Priant Mercure, & les ſœurs Eumenides,
Le vieil Caron, vouloir ſeruir de guides
A ces eſpris qui deuoient quelquefois
Venir aux corps des monarques François.
Comme il diſoit, entre ſoufres & flames
Voicy venir de l'abiſme les ames.

LA FRANCIADE.

Vn tourbillon par ondes tout fumeux,
Vn feu de poix raiſineux & gommeux
Alloit deuant, qui de puante haleine
Offenſoit l'air les taillis & la plaine
Auec grand ſon, comme vn tonnerre bruit
Briſant la nuë eſpaiſſe d'vne nuit.
Adonc Francus ayant l'ame frapée
De froide peur, au poin ſaqua l'eſpée
Les ſoufrant boire, & ſe tirant à part
Sur vn terreau qui pendoit à l'eſcart
Pour mieux pouuoir leurs viſages connoiſtre,
Sçauoir leurs noms, leurs habits & leur eſtre
Les contemploit, & de frayeur tranſsi
Apelle Hyante & luy demande ainſi.

Quel eſt celuy de royale aparance
Qui d'vn grand pas tous les autres deuance,
Et d'oliuier ſe couronne le front?
Elle reſpond, c'eſt le Roy Pharamond
Qui des François abaiſſant vn peu l'ire
Et le deſir conceu ſous Marcomire
D'aſſuiettir les terres & les Rois
Adoucira ſon peuple par les loix,
Et leur fierté Sicambroiſe & Scythique
Amolira par la douceur Salique,
Pour retirer du chaud amour de Mars
Le cueur felon de ſes braues ſouldars.

Quel eſt ce Prince appuyé d'vne hache
Qui tout ſon chef ombrage d'vn panache,

Aa iij

Au front seuere, aux yeux gros & ardans,
A longue barbe, aux longs cheueux pendans
Qui rien qu'horreur ne monstre en son visage:
C'est Claudion qui l'otieux courage
Des vieux Germains aux armes refera
Et leur paresse en guerre eschaufera,
D'ardeur nouuelle animant leurs poitrines
A conquerir les prouinces voisines,
Luy tout ardant du feu de guerroyer
Enfant de Mars, doit vn iour foudroyer
L'orgueil Romain: puis d'vne vertu viue
Du Rhin Gaulois outrepasser la riue
Et la forest Charbonniere perser.
A forte main doit vn iour renuerser
Les Turingeois, & la muraille ancienne
De Mont, Cambray, & de Valentienne,
Et de Tournay, & doit rougir les bors
De Somme tiede au carnage des mors:
Doit bien auant en Gaule faire entrée,
Nulle puissance en armes rencontrée
Son masle cueur suporter ne pourra:
Comme vne foudre en Bourgongne courra,
Vaincra Tholoze & les Gots d'Aquitaine
Comme sapins estendra sur la plaine.
Puis en donnant exemple à ses neueux
De liberté portera longs cheueux,
S'esiouïssant pour remarque immortelle
Que cheuelu toute Gaule l'apelle.

LA FRANCIADE.

Quel est celuy qui marche le premier
Apres ces deux, au visage guerrier,
Qui tient la face aux astres esleuée?
C'est le vaillant & iuste Merouée
Aspre ennemy des Huns, qui descendront
Plus dru que gresle, & par force prendront
Pillant, ardant de flames enfumées
(Mars tout sanglant conduira leurs armées)
Treues, Coulongne, & mille fors chasteaux
Que le grand Rhin abreuue de ses eaux,
Et ru'ront Mets à l'egal de la terre :
Cruelle engeance indontable à la guerre :
La mer ne iette aux bors tant de sablons
Que de soldats hydeux en cheueux blons
S'amasseront trope venant sur trope
Pour mettre à sac l'occidentale Europe
Sous Atila cruel Prince inhumain,
Extreme fleau de l'Empire Romain.
Contre vn tel peuple espoinçonné de rage,
Tout acharné de meurdre & de carnage,
Craint comme foudre à trois pointes tortu,
Ce Merouée oposant sa vertu
Pres de Chalons retranchera l'audace :
Le fer au poin : menu dessus la place
L'vn dessus l'autre adentez tomberont,
Si que le ventre aux mastins ils auront
Pour leur tombeau où seront la pasture
De vieux corbeaux vilaine sepulture.

Luy le premier suiui de ses Troyens
Regaignera les bords Parisiens,
Sens, Orleans, & la coste de Loire:
Puis de ton nom Francus ayant memoire
Le nom de Gaule en France changera:
Ton sang versé par armes vangera,
Et nul des tiens chargé de tant de proye
Ne doit pousser si haut le nom de Troye,
Vaillant monarque, inuincible, inuaincu,
Victorieux: autour de son escu
(Frayeur, horreur des guerres eschaufées)
Naistront lauriers & palmes & trophées,
Et le premier fera voir aux François
Que vaut l'honneur acquis par le harnois,
,, Puis il mourra: car toute chose née
,, Est en naissant à la mort destinée.
De son grand nom les vieux Sicambriens
Seront long temps nommez Meroueens,
Et ses vertus auront tant de louanges
Qu'aimé des siens, redouté des estranges
Apres sa mort, d'inuiolable loy
Nul tant soit preux n'aura l'honneur de Roy
Portant au chef la couronne esleuée
S'il n'est yssu de la gent Merouée.
  L'autre qui vient baissant vn peu les yeux
Ensemble triste & ensemble ioyeux
Est-il des miens di le moy ie te prie?
C'est Childeric Roy de meschante vie,

          Ord

Ord de luxure, infect de volupté,
Au cueur paillard de vices furmonté,
Prince prodigue, execrable en defpences,
Qui pour fournir à fes folles boubances
De fes fuiets rongera tous les os,
Boira le fang, hauffera les impos,
Tailles, tribus, & de fi orde iniure
Faite aux François nourrira fa luxure.
Il rauira des pucelles la fleur,
Honte aux parens, des peres la douleur,
Et fera plein de telle nonchalance
Que deniant aux peuples audiance
Confommera pour neant le Soleil
Sans voir iamais ni palais ni confeil.
Pource la France à l'enuy coniurée
Contre fa vie ainfi démefurée
Le chaffera de fon throfne royal:
Fuira banni vers fon amy loyal
Roy d'Auftrafie, où fuiuant fon vfage
Sans reuerer le faint droit d'hoftelage
Et Iupiter protecteur d'amitié,
Opiniatre en toute mauuaitié,
(Dieux deftournez vn acte fi infame
Du cueur dés Rois!) luy honnira fa femme
Pour le loyer de l'auoir bien receu:
,, L'homme de bien eft volontiers deceu.
 De Childeric efliront en la place
Le Duc Gillon d'Italienne race,

Bb

Qui regira les Romains à Soiſſons,
Pire que l'autre en cent mille façons.
 La France adonc qui ſon Prince deſire
Plaignant le Roy chaſſé de ſon empire
R'apellera Childeric ſon ſeigneur:
Luy ſe voyant en ſon premier honneur
Doit amender par vergongne ſes fautes.
Si que vaillant, plein d'entrepriſes hautes
(Pour effacer de ſes pechez le nom)
Braue au combat ne taſchera ſinon
Que la vertu par les armes ſuiuie
Perde le bruit de ſa premiere vie.
Adonc ſuiura Gillon ſon ennemy
Par les rochers, les foreſts, & parmy
Les flots du Rhin: Gillon plein de vergongne
S'ira ſauuer dans les murs de Coulongne
Que Childeric (Prince guerrier & caut)
Le fer au poin emportera d'aſſaut:
Puis ſans donner aux Romains nulles treues
Fera broncher les murailles de Treues
Où ce Gillon vagabond s'enfuira:
Les fiers Saxons en bataille occira,
Il tu'ra Paul de nation Romaine,
Et d'Orleans tirant iuſqu'au domaine
Du riche Aniou, hazardeux aux dangers
Se fera Roy victorieux d'Angers,
Et des Romains les armes eſtofées
Au Dieu de Loire apendra pour trophées.

LA FRANCIADE.

Vois-tu Clouis grand honneur des Troyens?
Qui le premier abhorrant les Payens
Et des Gentils les menteuses escoles,
Pour suiure Christ laissera les idoles
Donnant batesme aux François déuoyez?
Et lors du ciel luy seront enuoyez
Vn Oriflame, estandart pour la crainte
Des ses hayneux, & l'Ampoulle tressainte
Huille sacrée, onction de tes Rois.
Son escusson deshonoré de trois
Crapaux boufis pour sa vieille peinture
Prendra des Lis à la blanche teinture
Present du ciel : Dieu qui le choisira
D'honneur, de force & de biens l'emplira!
Ne vois-tu pas comme son front assemble
La grauité & la douceur ensemble
Ayant le bras armé sans estre armé,
Ensemble craint ensemble bien aimé?
Nul ne vaincra ce Roy de courtoisie :
Mais quand l'espée au poin aura saisie
Nul conquerant tant soit il plein d'horreur,
De ce Clouis ne vaincra la fureur.
Il poursuiura d'vne ardante colere
Siagre fils de Gillon, qui son pere
Deposseda, & son camp assaudra
Si viuement que Soissons il prendra
Perdant du tout la puissance Romaine :
Puis dés le Rhin iusqu'aux riues de Seine,

B b ij

De Seine à Loire il fera conquereur
Des Rois voiſins le foudre & la terreur.
,, La fortune eſt d'inconſtance emplumée.
Luy conduiſant vne gaillarde armée
Outre le Rhin contre les Alemans
Pronts aux combats, aux guerres vehemens,
Sera preſſé d'vne ſi grande ſuite
Que tout honteux de penſer en la fuite
Aura recours tant ſeulement à Dieu:
Lors ſ'eſlanceant furieux au milieu
Des Alemans, de ſa Françoiſe eſpée
Rendra de ſang la campagne trempée,
Tu'ra leur Roy, & des peuples dontez
Tribus par an luy ſeront aportez.
Lors enrichi des deſpouilles conquiſes
Au nom de Chriſt baſtira des egliſes.
Puis ſe chargeant (comme Prince inuaincu)
Le dos de fer & le bras de l'eſcu,
Ira de Vienne aborder le riuage.
Vn cerf chaſſé montrera le paſſage
Au camp François, grand miracle diuin!
Pres de Poitiers fera trambler le Clin
Deſſous ſes pieds, aſſaillant de furie
Alaric Roy des peuples de Gothie.
  Deſia le vent branle les eſtandars,
Pié contre pié ſe ficchent les ſoudars
Ioyeux de ſang: tout le cueur leur bouillonne,
Vne pouſsiere en rond les enuironne,

Et sans relasche au milieu des trauaux
Sont renuersez cheualiers & cheuaux.
Le Roy Clouis ardant à la conqueste
Persant son camp oposera sa teste
Contre Alaric, & d'vn cueur hazardeux
Ces puissans Rois s'affronteront tous deux
Braues, hautains, furieux comme foudres.
Sous leurs cheuaux deux tourbillons de poudres
Noirciront l'air, & sans auoir repos
Icy Clouis, icy le Roy des Gots
Poussez, tournez de fortune diuerse
Seront portez tous deux à la renuerse.
Le mol sablon imprimera leurs corps:
Eux releuez plus ardans & plus fors
Cherchant la mort, espandront sur la place
Greues, cuissoz, morrions & cuirasse,
Suant tous deux de colere & de coups:
Mais à la fin Clouis plein de courroux
Fera du Goth victime à Proserpine
D'vne grand playe enfondrant sa poitrine.
Ainsi Clouis Alaric occira,
L'ame Gothique aux enfers s'en ira!
   Puis s'emparant des thresors de ce Prince
Prendra Tholose & toute la prouince
D'Alby, Rouargue, Auuergne & Lymosin,
Et tout le camp de Garonne voisin.
De là pompeux d'vne si noble gloire
Des Bourguignons rauira la victoire,

Les massacrant d'vn courage trop chaut
Pour le forfait de leur Roy Gondebaut.
Bref ce Clouis d'inuincible puissance
Doit bouter hors son empire d'enfance,
Le rendre masle, afin que tous les Rois
Tremblent de peur aux armes des François.
De ses vertus l'acquise renommée
Sera si grande & si haute semée,
Que ses enfans ne seront maintenuz
En leur grandeur, que pour estre venuz
D'vn pere tel, lequel durant sa vie
Ne vaincra pas tant seulement l'enuie
Des Rois vassaux à son glaiue pointu,
Mais si au large estendra sa vertu,
Qu'enseueli dessous la terre sombre
Fera trembler les Princes de son ombre.
Tant vault l'honneur d'vn Prince apres la mort
Qui en viuant fust magnanime & fort!
Or pour monstrer que telle creature
Se vestira de celeste nature,
Auant sa mort les feux presagieux,
Le tremble-terre & les foudres des cieux
Esbranleront sa royalle demeure.
,, Mais quoy Troyen! il faut que l'homme meure:
,, En son bateau Caron prend vn chacun,
,, Et du tombeau le chemin est commun.
  Voy Childebert & Clotaire son frere
Qui tous ardans d'vne iuste colere

LA FRANCIADE.

Que Gondebaut comme Prince cruel
Ait fait meurdrir leur oncle maternel,
Dessus son fils Sigismond de Bourgongne
De telle mort vangeront la vergongne.
Ces deux grands Rois à la guerre assemblez
Donnant bataille aux Bourguignons troublez,
Les meurdriront d'vne mort tresamere
Gratifiant aux larmes de leur mere
Qui souspiroit de ne voir point vangé
Le corps royal de son pere outragé.
 Ce Childebert & Clotaire grands Princes
Pour augmenter les bords de leurs prouinces
Rompant le droit, la nature & la loy,
(Entre les Rois ne dure point la foy,
Tant le desir de regner leur commande)
Freres germains suiuis d'vne grand bande
D'hommes armez partiaux & meschans,
Voudront helas! de leurs glaiues tranchans
S'entre-tuer & rougir les batailles
Du sang tiré de leurs propres entrailles:
Mais sur le point qu'ils voudront s'assaillir
Voicy du iour la lumiere faillir,
Neiges & vens & tourbillons & gresle
Du ciel creué tomberont pesle-mesle
Entre-semez de foudres & d'esclairs:
Hommes, cheuaux, morrions & bouclairs
Seront frapez coup sur coup du tonnerre.
Ainsi de peur mettront fin à la guerre

Ces deux germains: le bon Dieu l'a permis:
Et de haineux deuenus bons amis
Freres de sang & de cueur sans rancune
Ramasseront leurs puissances en vne,
Fiers aux combas, inuaincus cheualliers:
Puis en poussant milliers dessus milliers
D'hommes armez, par hautes destinées
Iront gaigner les cymes Pyrenées,
Princes guerriers, inuaincus de trauaux.
Les monts d'Espagne au bruit de leurs cheuaux
Retentiront, & couuers de gensdarmes
Les champs luiront sous la splandeur des armes.
Lors Almaric Roy des Gots qui tiendra
Sous luy l'Espagne ardant les assaudra,
(Nouueau fuzil de l'ancienne noise)
Mais pour neant: car la vertu Françoise
De pieds, de mains & de teste poussant
Ira des Goths la force renuersant.
Ce Roy voyant sa puissance coupée
Du fer Gaulois, sçaura que vaut l'espée
De Childebert, qui luy persant la peau,
Costes & cueur, ira iusqu'au pommeau
D'vne grand playe en la poitrine ouuerte:
Auec le sang fuira l'ame deserte
Du corps Gotiq, & franche de ses os
Ira chercher là bas autre repos.
Ces freres Rois, ains frayeur des campagnes
Ardront, perdront, pilleront les Espagnes

Mettant

LA FRANCIADE.

Mettant à sac & peuples & seigneurs,
Lors tous enflez de butins & d'honneurs,
Et d'vne gloire aux François eternelle
Viendront reuoir leur terre paternelle.
Puis sans enfans des vieillards le confort
Comme tous Rois, seront pris de la mort.
 Quel est cét autre eshonté de la face?
C'est Aribert deshonneur de ta race,
Le nourrisson de toute volupté,
Qui pour ton fils ne doit estre conté.
 L'autre d'apres qui tout morne se fasche,
Qui tient sa gorge & qui marchant remasche
Meinte menace & resue tout à soy?
C'est Childeric indigne d'estre Roy,
Mange-suiet, tout rouillé d'auarice,
Cruel tiran, seruiteur de tout vice,
Lequel d'impos son peuple destruira:
Ses citoyens en exil bannira
Affamé d'or, & par armes contraires
Voudra rauir la terre de ses freres,
N'aimant personne & de personne aimé:
Qui de putains vn serrail diffamé
Fera mener en quelque part qu'il aille
Soit temps de paix ou soit temps de bataille:
En voluptez consommera le iour
Et n'aura dieu que le ventre & l'amour.
De ses suiets n'entendra les complaintes:
De ses ayeux les ordonnances saintes,

Cc

Mœurs & vertus fuiront deuant ce Roy,
Grand ennemy dés pasteurs de sa loy.
Les escoliers n'auront les benefices,
Les gens de bien les honneurs, les offices:
Tout se fera par flateurs eshontez,
Et les vertus seront les voluptez.
Iamais d'enhaut la puissance celeste
Ne montra tant son ire manifeste,
Et iamais Dieu le grand pere de tous
Ne montra tant aux hommes son courroux
Signes de sang, de meurdres & de guerre,
De tous costez vn tramblement de terre
Horrible peur des hommes agitez
De fond en comble abatra les citez.
Iamais les vens la terre ne creuerent
En plus de lieux: iamais ne s'esleuerent
A l'improueu (signes prodigieux)
Plus longs cheueux de cometes aux cieux.
Et toutesfois pour ces menaces hautes
Ce meschant Roy n'amandera ses fautes:
Mais tout superbe, en vices endurci
Contre le ciel esleuant le sourci,
Au cueur brulé d'infame paillardise
Estoufera contre sa foy promise,
En honnissant le sainct lit nuptial,
Sa propre femme, espoux tresdesloyal.
Ni lit, ni foy, ni la nuit amoureuse
Ne deffendront Galsonde malheureuse,

LA FRANCIADE. 102

Qu'en luy pressant le gosier de sa main
Ne la suffoque, homicide inhumain :
Acte d'vn Scythe, & non d'vn Roy de France,
Lequel deuoit s'oposer en deffence
Pour la sauuer, & luy mesmes s'offrir
Plustost cent fois à la mort, que souffrir
De voir sa femme ou captiue, ou touchée :
Et toutesfois auprés de luy couchée,
Iointe à son flanc, le baizant en son lit,
Seure en ses bras, l'estranglera de nuit.
Cruel tyran! à qui dessus la teste
L'ire de Dieu pend desia toute preste :
D'vn ord trespas son sang le rougira,
Et sa putain sa femme vangera.
  Apres la mort de sa femme Galsonde
Doit espouser sa garse Fredegonde,
Qui d'vn visage eshonté de regars,
Et de maintiens lubriques & paillars,
Et d'vn parler entre l'humble & le graue,
Fera ce Roy de maistre son esclaue,
L'abetissant si bien à ses desirs,
Qu'il seruira valet de ses plaisirs.
Puis doit aprendre aux despens de sa vie
,, Que l'homme est fol qui aux putains se fie.
Or' elle ayant assoté son mary
Pour mieux iouïr de son ribaut Landry
Qui du royaume auoit toute la charge,
Folle d'amour, à deux meurdriers encharge

Cc ij

A son retour de la chasse bien tard
De luy perser la gorge d'vn poignard.
Ainsi mourra par les mains de sa femme
Ce Chilperic des Princes le diffame.
Elle sans peur ni de Dieu ni de loix,
Toute effrontée, ayant encor les dois
Rouges du sang de son mary, pour taire
Par vn beau fait le meurdre & l'adultere,
Ira guerriere au milieu des combas,
Tiendra son fils de trois mois en ses bras,
Traistre pitié! pendant à sa mammelle
Dont son paillard aura pris la tutelle.
Puis cette Roine abominable, ainçois
Cette furie execrable aux François,
De qui la teste attendoit le suplice,
Comme si Dieu fauorisoit le vice,
Viura sept ans en pompes & honneur
Auec Landry des François gouuerneur:
Et qui pis est morte on la fera sainte.
,, Ainsi tout va par fraudes & par feinte!
  L'autre d'apres est Clotaire son fils
Par qui seront les Saxons déconfis,
Ne soufrant viure en leur terre occupée
Masle debout plus grand que son espée,
Sage guerrier, victorieux & fort,
Qui pour l'honneur mesprisera la mort.
De Brunehaut Princesse miserable
Fera punir le vice abominable,

Luy attachant à la queuë d'vn cheual
Bras & cheueux: puis à mont & à val
Par les rochers, par les ronces tirée
En cent morceaux la rendra dechirée:
Si qu'en tous lieux ses membres difamez
Seront aux loups pour carnage semez.
Bien qu'vn grand Roy ne puisse auoir louange
Quand par la mort d'vne femme il se vange,
Pourtant Clotaire est absous des François
D'auoir vangé le sang de tant de Rois
Que par poison, par glaiue & par cautelle
Auoit occis cette Roine cruelle.
Les Læstrigons, les Cyclopes qui n'ont
Au front qu'vn œil en leurs rochers ne sont
Si cruels qu'elle à toute peste née,
Qui en filant menée sur menée,
Guerre sur guerre & debas sur debas
Fera mourir la France par combas:
Mais à la fin sous les mains de Clotaire
Doit de ses maux receuoir le salaire.
Ce gentil Prince entre ses nobles faits
Voyant ses gens en bataille deffais,
Et Dagobert son fils iusqu'à la taye
Couure-cerueau atteint d'vne grand playe
Perdre le sang en longue pamaison:
Reuestira son chauue poil grison
D'vn morrion, armes de la ieunesse,
Et tout son corps refroidi de vieillesse

Reschaufera d'vn cueur ieune & gaillard:
Puis en broſſant les flancs de ſon bayard
Chaud de colere & de menace fiere,
Paſſant à nou le fil d'vne riuiere
Ira trouuer le Roy ſur l'autre bord
Qui ſe mocquoit de ſon fils demy-mort.
Alors ces Rois d'vn valeureux courage
Front contre front ſur le premier riuage
S'acharneront comme loups au combat.
Le bon Clotaire à la renuerſe abat
Son ennemy, & ſa teſte coupée
Embroche droite au bout de ſon eſpée
Auec grands cris repaſſant vers les ſiens:
Acte Gaulois, & digne des Troyens
De ſiecle en ſiecle à iamais memorable,
Tant vaut vn pere à ſon fils pitoyable!
 L'autre qui vient en magnifique arroy
Qui de maintien repreſente vn grand Roy
Eſt-il des miens? di le moy ie te prie.
Ceſt Dagobert fleur de cheualerie:
En ſa ieuneſſe aura le cueur hautain,
Reueſche en meurs coupera de ſa main
(Acte impiteux) la barbe de ſon maiſtre.
Puis par le temps venant ſon age à croiſtre,
De Prince fier deuiendra gratieux,
Tant ſeulement en deux points vitieux,
L'vn de nourrir par trop de concubines,
L'autre de faire exceſsiues rapines

Sur meinte eglise, afin d'enrichir vn
Moutier à part du reuenu commun.
Au reste accort, de bonnes meurs & sage,
Qui craindra Dieu, qui punira l'outrage
Des orphelins, qui viura par conseil,
Qui n'aura point en armes son pareil,
Prudent guerrier, qui sera sans contrainte
L'amour des siens, de ses voisins la crainte :
Qui chassera les peuples circoncis
De ses païs, par qui seront occis
Les Esclauons, qui dessus la campagne
Estendra mors les peuples d'Alemagne,
Et les Lombars par guerres destruira,
Qui les Gascons rudement punira,
Et qui rendra la nation seruile
Des Poiteuins, & qui Poitiers leur ville
Saccagera par glaiues & par feux,
Et la fera labourer par des beufs
Semant du sel où furent ses murailles.
Qui destruira les Hongres par batailles
Tranchant au fer tant de peuples armez.
Des os des mors les champs seront semez,
Et les cheuaux nageront iusqu'au ventre
Souillez de sang : la riuiere qui entre
Dedans la mer, à peine par ses bors
Pourra couler tant elle aura de mors.
Luy tout enflé de gloire militaire
Rendra sous luy Bretagne tributaire,

Et leur royaume en duché changera.
Tout au contraire amy deschargera
(Aux vns hautain, aux autres debonnaire)
Les fiers Saxons surmontez par son pere
De trois cens beufs qu'ils deuoient tous les ans.
Puis desliant de ses membres pesans
L'ame legere: apres meinte victoire
Rendra son nom d'eternelle memoire.
  L'autre qui suit d'honneur enuironné
Qui a le front de palme couronné,
Qui ia les Turcs menace de la guerre!
Sera Clouis lequel ira conquerre
Hierusalem, & les sceptres voisins
D'Ægipte iointe aux peuples Sarrazins.
Outre la mer bien loin de sa patrie
Tiendra des Iuifs l'heureuse seigneurie,
Et son ost braue & luy braue à la main
Boiront sept ans les ondes du Iourdain.
Puis retourné pour quelque trouble en France,
De ses enfans punira l'arrogance,
Qui par flateurs, par ieunes gens deceuz
Vers celle ingrat qui les auoit conceuz,
De tout honneur degraderont leur mere,
Et donneront la bataille à leur pere,
Leur mere adonc ah? mere sans merci,
Fera bouillir leurs iambes, & ainsi
Tous mehainez les doit ietter en Seine.
Sans guide iront où le fleuue les meine

A l'aban-

LA FRANCIADE.

A l'abandon des vagues & des vens:
Graue suplice!afin que les enfans
Par tel exemple aprenent à ne faire
Chose qui soit à leurs parens contraire.
Bien que ce Roy soit magnanime & fort,
Soit aumosnier, des pauures le suport,
Pourtant son ame aux vices inclinée
De trop de vin se verra dominée.
L'amour, la gueule, & les plaisirs qui font
Rougir de honte vn Prince, le feront
Esclaue Roy de vilaine luxure
Trompant son nom, soy mesme & sa nature.
 Voi-tu ceux-cy qui abaissent les yeux
Honteux de voir la lumiere des cieux,
Qui ne deuroient au monde iamais naistre,
Ni moins auoir Hector pour leur ancestre?
Clotaire est l'vn & l'autre est Childeri,
Theodoric l'autre en delices nourry,
Trois fait-neants, grosses maces de terre
Ni bons en paix, ni bons en temps de guerre,
La maudisson du peuple despité:
L'vn pour souiller son corps d'oysiueté,
Pour n'aller point au conseil, ni pour faire
Chose qui soit au Prince necessaire,
Pour ne donner audiance à chacun,
Pour n'auoir soin desoy ni du commun,
Pour ne voir point ni Palais ni Iustice,
Mais pour rouiller sa vie entre le vice,

Dd

Traistre à son peuple & à soy déloyal
Sans plus monter en son throsne royal:
Ains le fraudant de son naturel guide,
A Esbrouin en laschera la bride,
Et le fera soit en guerre ou en paix
Chef du conseil & Maire du Palais.
Cét Esbrouin aura soin des batailles,
De la finance & d'augmenter les tailles,
Et de respondre à tous ambassadeurs:
Et son estat aura tant de grandeurs
Comme chargé d'vne peine honorable,
Quil deuiendra si craint & redoutable
En ce pendant que les Rois amusez
A boufonner, aux femmes abuzez,
Sans nul conseil, trahis de leur plaisance,
Sont Rois de nom, Esbrouin de puissance,
Qu'en peu de iours ces Seigneurs aprouuez
De tout le peuple, aux honneurs esleuez,
Puissans de faits, de parolle & d'audace
Des premiers Rois aboliront la race,
Et se feront d'autorité pourueux
Eux mesmes Rois, leurs fils & leurs neueux.
Pour ce Troyen, ne commets telle faute,
„ N'esleue point en dignité trop haute
„ Quelque vassal: ton dommage en desp end:
„ Quand vn Roy fault trop tard il s'en repend.
L'autre second de luxure tout pale
Perdra long temps sa dignité royale,

LA FRANCIADE.

Et sans egard à son sang descendu
De tant de Rois, sera moine tondu
Et r'enfermé dedans vn monastere.
 Le tiers qui vient pensif & solitaire
De ses suiets comme peste haï,
A contre-cueur des seigneurs obeï,
Chaut de colere, à regner mal habille
Fera foëter le cheualier Bodille
En lieu public, lié contre vn posteau
Tout dechiré de veines & de peau.
Bodille plein d'vn valeureux courage,
Touiours pensif en si vilain outrage,
Ne remaschant que vengeance en son cueur
Lairra couler quelque temps en longueur,
Puis sans respect de sceptre ou de couronne
(Tant le despit furieux l'espoinçonne)
Tout alumé de honte & de fureur
Fera payer à ce Roy son erreur
Par son sang propre, & rougira sa dextre
Dedans le cueur de son Prince & son maistre,
Et d'vn tel fiel sa vengeance emplira
Que le Roy mort, la Roine il occira
Et son enfant enclos dans ses entrailles :
,, Il fault qu'vn Roy soit cruel aux batailles,
,, Mais doux aux siens : il faut que la fierté
,, Soit aux lions, aux Princes la bonté
,, Comme mieux nez, & qui ont la nature
,, Plus prés de Dieu que toute creature.

Ce Roy doit estre abuzé par flateurs
Peste des Rois courtizans & menteurs,
Qui des plus grands asiegeant les oreilles
Font les discrets & leur content merueilles.
Pource Francus, si le ciel te fait Roy,
Sage entretiens des vieillars prés de toy,
Qui te diront leurs raisons sans feintise
En longs cheueux, en longue barbe grise.
Ne vueilles point pour conseillers choisir
Ces ieunes fols qui parlent à plaisir.
Le plus souuent les Princes s'abestissent
De deux ou trois que mignons ils choisissent,
Vrais ignorans qui font les suffisans,
Qui ne seroient entre les artisans
Dignes d'honneur, grosses lames ferrées
Du peuple simple à grand tort honorées,
Qui viuent gras des impos & des maux
Que les Rois font à leur pauures vassaux!
Tant la faueur qui les fautes efface
Fait que le sot pour habille homme passe!
Quelle fureur qu'vn Roy pere commun
Doiue chasser tous les autres pour vn
Ou deux ou trois? & blesser par audace
Vn masle cueur issu de noble race
Sans regarder si le flateur dit vray?
Ce Childeric doit connoistre à l'essay
Le mal qui vient de croire à flaterie
Perdant d'vn coup femme, enfant & la vie.

Voy Francion ces autres Rois dontez
De vin, d'amour, de toutes voluptez,
Qui abestis en vn monceau se pressent
Et le regard contre la terre baissent.
Vne grand nuë esparse sur le front
Les obscurcit: regarde comme ils vont
Effeminez, & d'vne alleure lente
Montrent au front vne ame nonchalante.
Ah! malheureux! ils seront fils des tiens
Germe maudit, Troyens & non Troyens:
Qui tant s'en fault qu'ils soient en France dignes
D'auoir au chef les couronnes insignes,
Qu'ils ne sont pas (peste du genre humain)
Dignes d'auoir l'aiguillon en la main,
Rois sans honneur, sans cueur, sans entreprise,
Dont la vertu sera la paillardise.
Leur beau royaume acquis par le harnois
De tant d'ayeux tresinuincibles Rois,
Par la sueur de tant de Capitaines,
Par sang, par fer, par discours, & par péines
Tout en vn iour par lascheté de cueur
Perdre puissance, accroissance & vigueur!
Ne vois-tu pas comme Clouis en pleure?
,, Tay-toy grand Roy, rien ça bas ne demeure
,, En son entier: tant plus le sceptre est haut
,, Et plus il tombe à terre d'vn grand saut.
Ces Rois hideux en longue barbe espaisse,
En longs cheueux ornez presse sur presse
D d iij

De chaines d'or & de carquans grauez,
Hauts dans vn char en triomphe esleuez
Vne fois l'an feront voir leur visage:
Puis tout le reste ils feront en seruage,
Laissant la bride aux Maires du palais
Dont ils seront esclaues & valets,
Masques de Rois, idoles animées,
Et non pasteurs ni Princes des armées,
Qui se verront honnis de voluptez
De leurs vassaux à la fin surmontez.
Apren, Troyen, comme vn lasche courage
Perd en vn iour son sceptre & son lignage.
,, Il ne faut estre aux affaires retif:
,, La Royauté est vn mestier actif.
 Voy Chilperic le dernier de la race
De Pharamond, comme il baisse la face,
Moine razé pour sa lubricité,
Vn fait-neant moisi d'oysiueté,
Qui ia ce semble aux plaisirs s'abandonne.
Cettuy perdra le sceptre & la couronne
Du grand Clouis, & son Maire Pepin
S'en fera Roy par ne sçay quel destin,
En transferant l'ancien diadesme
De la maison de son maistre à soymesme:
Bien qu'à grand peine ait quatre pieds de corps,
Bas de stature, & de membre peu forts,
Il aura l'ame actiue & vigoureuse.
Et de conseil & de prudence heureuse

LA FRANCIADE.

Il dontera la force des plus grands.
Pource Francus par tel exemple aprens
,, Que tout royaume augmente en accroiſſance
,, Par la vertu & non par la puiſſance,
,, Et que Dieu ſeul qui toute choſe peut
,, Perd & maintient les ſceptres comme il veut.
,, Pour les garder l'homme en vain ſe trauaille,
,, Car c'eſt luy ſeul qui les oſte & les baille.
  Qui ſont ces deux qui vont marchant à part?
Qui de la troupe eſlongnez à l'eſcart
Diſcourent ſeuls de grands propos enſemble?
A voir leur port, l'vn & l'autre me ſemble
Sage guerrier, & nul ne ſ'eſt monſtré
De tant d'honneur ni de gloire illuſtré.
Celuy, Troyen, qui fait bruire ſes armes
Grand Capitaine & paſteur de genſdarmes,
Qui ia ſa main ſur vne lance met,
Qui d'vn panache ombrage ſon armet
Au fier maintien, au ſuperbe courage,
Qui rien que Mars ne monſtre en ſon viſage
Sera Martel gouuerneur des François,
Non Roy de nom mais le maiſtre des Rois:
Dedans le ciel fera monter l'empire
Du nom Gaulois, & nul deuant ſon ire
N'opoſera ni lance ni eſcu
Qu'il ne ſoit pris ou fuitif ou vaincu.
Voy quels lauriers marque de ſa conqueſte,
Vont plis ſur plis enuironnant ſa teſte!

Voy son maintien combien il est gaillard,
Et de quels yeux il enfonce vn regard!
Il occira par bataille cruelle
Des forts Saxons la nation rebelle,
Ceux de Bauiere à mort déconfira:
Les Alemans tributaires fera
Iusqu'au Danube, & la terre Frizonne
Rendra vainqueur, suiette à sa couronne.
Prendra d'assaut, inuaincu cheualier
Nismes, Marseille, Arles, & Montpelier,
Beziers, Narbonne, & toute la Prouence
Fera seruile à son obeissance:
Prendra Bordeaux & Blaye, & tous les fors
Que la Gironde arrouse de ses bors.
  Voicy comme Eude Empereur d'Aquitaine
Les Sarrazins peuple innombrable ameine
Contre Martel, à la guerre conduis
Par Abdirame antique sang des Iuifs,
Qui d'Abraham & de Sarra sa femme
Se vantera, ce cruel Abdirame
Cruel de meurs, de visage & de cueur,
Des puissans Dieux & des hommes mocqueur,
Tout acharné de meurdre & de furie,
Enflé d'orgueil, enflé de vanterie,
Doit amasser les siens, de toutes pars
Femmes, enfans, vieux & ieunes soudars,
Valets, bouuiers, marchans, afin que l'onde
D'vn si grand ost effroye tout le monde.

Ces

LA FRANCIADE.

Ces Sarrazins au trauail obstinez
Outre-passant les cloistres Pyrenez,
Et file à file espuisant toute Espagne,
Se planteront au pié de la campagne
Auec grands cris, tels que les grues font
Quand queuë à queuë en ordre s'en reuont
Hautes au vent, & dehachant les nuës
Se vont assoir en leurs terres connuës
Fuyant l'hyuer: vn cry tranchant & haut
Se fait en l'air, tout le ciel en tressaut!
La mer ne pousse aux riues tant d'areines,
De tant de feux les voutes ne sont pleines
Au ciel la nuit, que de peuples pressez
Dessous ce Roy se verront amassez.
Ils tariront le coulant des fontaines,
Dessous leurs pieds tressauteront les plaines,
Grands comme pins en hauteur esleuez.
Prendront Bordeaux & les peuples lauez
De la Gironde, & d'ardeur violante
Viendront puiser les eaux de la Charante,
Ne pardonnant à temples ni moutiers:
D'auares mains saccageront Poitiers
Razant chasteaux & villes enfermées,
Et pres de Tours camperont leurs armées.
　Là l'inuincible, indontable Martel
Ne s'estonnant de voir vn nombre tel,
Mais d'autant plus ayant l'ame eschaufée
Qu'il verra grand le gain de son trophée.

E e

Chaud de louänge & d'honneur hazardeux
Ira planter son camp au deuant d'eux
Les menaceant: la déesse Bellonne
Courra deuant, & Mars qui aiguillonne
Le cueur des Rois, pour sauuer de meschef
Si vaillant Duc luy pendra sur le chef.
Ce iour Martel aura tant de courage
Qu'aparoissant en hauteur dauantage
Que de coustume, on dira qu'vn grand Dieu
Vestant son corps aura chosi son lieu.
Luy tout horrible en armes flamboyantes,
Meslant le fifre aux trompettes bruiantes,
Et de tabours rompant le ciel voisin.
Esueillera le peuple Sarrazin,
Qui l'air d'autour emplira de vrlées.
Ainsi qu'on voit les torrens aux vallées
Du haut des monts descendre d'vn grand bruit,
Flot dessus flot la rauine se suit
A gros bouillons, & maitrizant la plaine
Gaste des bœufs & des bouuiers la peine.
Ainsi courra de la fureur guidé
Auec grand bruit ce peuple desbordé.
Mais tout ainsi qu'alors qu'vne tempeste
D'vn grand rocher vient arracher la teste,
Puis la poussant & luy pressant le pas
La fait rouler du haut iusques à bas:
Tour dessus tour, bond dessus bond se roule
Ce gros morceau qui rompt, fracasse & foule

LA FRANCIADE.

Les bois tronquez, & d'vn bruit violant
Sans resistance à bas se va boulant.
Mais quand sa cheute en tournant est roulée
Iusqu'au profond de la creuse valée
S'arreste coy: bondissant il ne peut
Courir plus outre, & d'autant plus qu'il veut
Rompre le bord, & plus il se courrouce,
Plus le rampart le presse & le repousse.
Ainsi leur camp en bandes diuisé
Ayant trouué le peuple baptisé
Bien qu'acharné de meurdre & de turie,
Sera contraint d'arrester sa furie.
Chacun de rang en son ordre se met,
Le pié le pié, l'armet touche l'armet,
La main la main, & la lance la lance,
Contre vn cheual l'autre cheual s'eslance,
Et le pieton l'autre pieton assaut.
Ici l'adresse, ici la force vaut:
Sort & vertu pesle-mesle s'assemblent:
Dessous les coups les armeures qui tremblent
Font vn grand bruit: Victoire qui pendoit
Douteuse au ciel, les combas regardoit.
Au mois d'esté quand la pauure famille
Du laboureur tient en main la faucille,
Et se courbant abat de son seigneur
Les espics meurs, des campagnes l'honneur:
Tant de moisson, tant de blonde iauelle
L'vne sur l'autre espaix ne s'amoncelle

Ee ij

De tous coſtez eſparſes ſur les champs,
Que de corps morts par les glaiues tranchans
Seront occis de la gent Sarrazine.
En moins d'vn iour hoſtes de Proſerpine
Iront là bas trois cent mille tuez
L'vn deſſus l'autre en carnage ruez.
Mille ans apres les Touranjelles plaines
Seront de morts & de meurdres ſi pleines,
D'os, de harnois, de vuides morrions,
Que les bouuiers en traſſant leurs ſillons
N'oirront ſonner ſous la terre feruë,
Que de grands os hurtez de la charruë.
Tel au combat ſera ce grand Martel!
Qui plein de gloire & d'honneur immortel
Perdra vainqueur par mille beaux trophées
Des Sarrazins les races eſtoufées,
Et des François le nom victorieux
Par ſa proueſſe enuoira iuſqu'aux cieux.
    L'autre eſt Pepin heritier de ſon pere
Tant en vertu qu'en fortune proſpere,
Qui marira la iuſtice au harnois,
Et regira les ſiens par bonnes lois.
Luy bas de corps, de cueur grand Capitaine
Par neuf conflicts aſſaillant l'Aquitaine
De Gaïfier occira les ſoudars:
Il rendra ſerf le Prince des Lombars
Dontant ſous luy les forces d'Italie.
Rome qui fut tant de fois aſſaillie

LA FRANCIADE.

Sera remise en son premier honneur:
Par luy le Pape en deuiendra seigneur,
Et des François prendra son accroissance:
Tant le bon zele aura lors de puissance!
Par cent combats, par cent mille façons
Doit renuerser le peuple des Saxons
Peuple guerrier des François aduersaire,
Et sous sa main les rendra tributaire.
La loy pendra sur son glaiue pointu
Craint de chacun: tant vaudra sa vertu
De la fortune heureuse acompagnée!
Sous luy faudra de Clouis la lignée,
Si qu'en perdant le sang tresancien
Des premiers Rois, fera naistre le sien,
Donnant lumiere à sa race nouuelle
Par les hauts faits de sa dextre immortelle.
,, N'espere rien au monde de certain:
,, Ainsi que vent tout coule de la main:
,, Enfant d'Hector, tout se change & rechange:
,, Le temps nous fait, le temps mesme no⁹ mange:
,, Princes & Rois & leurs races s'en vont,
,, De leurs trespas les autres se refont.
,, Chose ne vit d'eternelle durée:
,, La vertu seule au monde est asseurée:

FIN DV QVATRIEME LIVRE
DE LA FRANCIADE.

www.ingramcontent.com/pod-product-compliance
Lightning Source LLC
Chambersburg PA
CBHW051904160426
43198CB00012B/1745